エヴリシング・ワークス・アウト

Everything
Works Out

訳して、書いて、楽しんで

Translating and writing
make my life fulfilling.

村井理子

CCCメディアハウス

はじめに　1冊の本を訳すということ

「出版翻訳の仕事がしたいです。どうしたら翻訳家になれますか？」

私ならこう答えます。

「まずは1冊選んでください。そして、その本を最初から最後まで訳してみるのはどうでしょう」

1冊の本を訳す。

薄い本でも難しいことです。締め切りもなく、保証もなく、報酬もなく、1冊の本を訳すなんて、たいていの人にはできません。

責任を持って1冊の本を訳す。それは想像以上の胆力が必要なことだから。

現役の翻訳家として活躍されている小竹由美子さんは、はじめて出版社に売り込みにいったとき、企画書ではなく1冊まるごとの訳文を持っていかれたそうです。まだ何の実績もない状態で、でもどうしても出版したい本があったから全文を訳して出版社に持ち込まれたのです。その本は無事、小竹さんのデビュー作となりました。

この話は翻訳の本質ではないでしょうか。

まず、すでに訳し終わった原稿が持ち込まれたならば、編集者が10人いたとして、全員とは言わないまでも、そのほとんどがチラリとは読んでみるでしょう。そのうち数人は、それなりにしっかり目を通してくれるかもしれません。そして、結局その本が世に出ることにならなかったとしても、「もし機会があれば、彼女に下読みを依頼しよう」と編集者が思う可能性は高いでしょう。つまり、小竹

さんは、
1冊の本を訳す「熱意」と「胆力」を持った人間が、ここにいる。

というプレゼンテーションを、軽やかにやってのけられたのです。その事実に感じ入りました。自分にはとてもできないと思ったからです。

「翻訳の仕事をください」ではなく、「訳して持ってきました」なんです。そこが、素晴らしいと思います。

たとえばのお話です。それまで長距離を走ったことのない人に、いきなり「フルマラソンを走ってきてください」と言う人はいません。これは編集者も同じです。1冊訳した経験がない人に、いきなり仕事を発注するのはリスクが大きすぎます。でもそこに、「ちょっとここまで走ってきました！」といきなり現れた人がいるのです。それがこのエピソードの重要な点です。

「私、こんな本を見つけて、どうしても好きでたまらなくて1冊訳しちゃったんです。お時間のあるときに見ていただければ嬉しいです」

一冊でなくてもいいでしょう。短編集のなかの、お気に入りの一編でも充分です。

これができた時点で、出版翻訳家を目指すほとんどの人を優に超えていると言ってもいいのではないでしょうか。本当に翻訳家になりたい人は、同じことをやってみたら道が拓けるかもしれません。

出版翻訳家の仕事とは、
1冊の本を最初から最後まで訳す仕事。

これができるかどうかにかかっています。

ほとんどの翻訳家は一人でコツコツと訳しています。本当に地味にコツコツ、1行1行。

翻訳とは、そうして積み上げるしかない仕事です。当然ですが、すべて訳さなければ終わらないからです。言語のプロの矜持を持って、みんなそうして本に向き合っています。それってすごいことだし、素敵じゃないですか？

＊＊＊

出版翻訳の仕事をするようになって20年が経ちました。最近では、出版社や新聞社から依頼を受けて、エッセイを書く仕事もしています。年々、エッセイの比重が増えつつありますが、それでも私という人間は、つくづく翻訳が好きなのだと感じています。

本書は、私が虜になってやまない出版翻訳の仕事について、一人でも多くの方に知ってもらいたくて書きました。

- 出版翻訳家になるには？
- 出版翻訳家の仕事とは？
- 出版翻訳家は稼げるのか？
- 出版翻訳のおもしろさは？

こうした意外と知られていない出版翻訳の実態について紹介しています。翻訳家を目指す人のヒントになれたらこのうえない喜びです。また、本に携わるひとつの職業の仕事論として読んでいただいても嬉しいです。

エヴリシング・ワークス・アウト
訳して、書いて、楽しんで

目次

Index

第1章 気がつけば翻訳家

第2章 翻訳家の不思議な生態

第3章 本を書いて本を読む

第1章 気がつけば翻訳家

Before I knew it,
I had become a translator.

ブログを書いたら出版翻訳家になった

最近ＳＮＳなどを見ていると、自分は「インターネット老人会」のメンバーだな、と自嘲気味に思います。しかも顔役レベルの古参。元祖インターネット世代です。

若い人たちの投稿を読みながら、出版翻訳の世界に入ってきてもらいたいなといつも考えます。いま、翻訳出版の市場は縮小傾向だから余計に切実です。翻訳家がいなくなると海外の本が入ってこなくなります。すると、読書のひとつの楽しみが損なわれてしまうような気がするのです。海外の作品を読むとは世界の広さを知ることですから、それができなくなるのはとても残念です。

すでに活躍している翻訳家がたくさんいて、狭き門だから、若い人が参入するのは難しいのでは？

そんなことはありません。

私は、作品には翻訳家の年代を選ぶ作品があると考えています。たとえばZ世代の恋愛の話なら、やはり私が訳すより、Z世代の人が訳すほうがしっくりくるはず。出版翻訳業界の若い世代の層が厚くならないと、紹介される作品の層にも厚みが出なくなるのではないでしょうか。これは業界にとって、いい傾向ではないと思います。

たしかにいま、業界は縮小傾向です。
でも私は、生き残る戦略はあると思っています。

ここからはまず、自分が翻訳家になった経緯を記しながら、生き残る戦略についても考えていきます。

＊　＊　＊

インターネットをはじめた当時はまだ、SNSどころか、ブログという概念すらありませんでした。この頃に流行っていたのがメールマガジンです。自分の文章が知らない人に読まれるなんて画期的だったし、私もメールマガジンを配信してくれるサイトに登録して、発行していました。密かに、仕事中に。

勤めていた会社は当時にしては珍しく、インターネットの接続環境が整っていました。１人が１台の端末を使えるようになっていたんです。そんな恵まれた環境でした。

ＤＴＰの部署にいたことから自由にパソコンを使わせてもらえたし、私が「マッキントッシュが欲しい」と言うと、先輩が買いにいくのに付き合ってくれたりするような仲の良い職場でした。環境に恵まれていたとしか言いようがありません。しかも先輩たちは親切に、ホームページのつくり方、ＨＴＭＬのタグなどを教えてくれたんです。周辺機器の接続の仕方なども、なにも知らない私にすべて説明してくれました。私がいまになっても、パソコンの接続やインターネット環境の構築にそこまで苦労しないのは、当時の先輩方の指導のおかげと感謝しています。

時効だから書きます。

会社で何をしていても周囲には気づかれなかったので、ちょこちょことインターネットをしていました。そして暇な時間を探しては、一人で書きまくっていました。

メールマガジンの購読者数が徐々に増えてきて、読んでもらう前提で文章を書くおもしろさを発見しました。何かを書いて反応を得ることが純粋に楽しかったのです。働く日々に起こるできごとを事細かに記録していました。すると、また購読者が増えていく。

メールマガジンの配信サイトには、執筆者の居住地や年齢を表示することができました。

女性
京都在住
27歳

20代の女性というだけで購読者数がすごく増えたのは、時代のおかげですね。珍しかったでしょうから。

もともと私は文章を書くことが好きで、学校の先生との連絡帳にもびっしり長文を書くような子どもでしたが、不特定多数の読者を意識するようになったのは、メールマガジンからです。最近、『ある翻訳家の取り憑かれた日常』(大和書房)という本を出しましたが、20代の頃から同じようなことをしていたことになります。何をやっても長続きしない私が、文章だけは書くことができるのです。私の唯一の特技かもしれません。

元祖ウェブメディア? 「フガフガ・ラボ」誕生

いまの仕事につながったのは、友達がつくったウェブサイトです。派遣社員として勤めていた会社の同僚が立ち上げました。そこに私も書かせてもらったのです。

あるとき同僚が、「私、これからはインターネットだと思うから、会社行きながらデジタルハリウッドに行くわ」と言ったんです。私は、「おお、そうなんだ、いいんじゃない？」なんて言って送り出しました。彼女は努力家で、コツコツと勉強をしていました。

しばらくしたら、当の彼女が「デジハリの卒業制作でウェブサイトをつくるから一緒にやらない？」と声をかけてくれました。ここが転機でした。

できあがったサイトが「フガフガ・ラボ」です。犬好き、猫好きのメンバーが集まりました。私はそこで毎日日記を書くようになりました。ＨＴＭＬで。フガフガ・ラボにはいろんなページをつくりました。犬や猫のことを書くページ、そして私が趣味で集めていたブッシュ大統領の言い間違いを特集するページも作ってもらいました。メンバーが各自日記を書いて発表していくという形の情報サイトです。そこにはかつてＢＢＳと呼ばれていた掲示板も設置して、読者との交流もはじめました。

そんなことをしているサイトは当時あまりなかったから、新しかったですし、目立ったと思います。

「フガフガ・ラボ」はデジハリのコンテストで賞を取りました。実際にサイトをインターネット上に公開すると、ペット好きの読者もついてきて盛り上がりました。と言っても、テンション高く毎日更新していたのは私だけで、みんなはもっと落ち着いたペースで参加していました。

友達がサイトの外側をきちんとつくってくれて、あとはみんなでＨＴＭＬ。タグでちゃんと組んでくれたものをみんなで共有して、記事を書いたらサーバーに上げるということをずっと続けていました。

いまやインターネット老人会なんて揶揄されている面々は、ネットを使うためにそれなりの知識が必要だった時代に、情熱を持って何かを発信したり、誰かとつながろうとしていた人たちです。

そんななかでもどちらかといえば、通信で人とつながることを楽しむネットユーザーが多く、コンテンツを発信するためにネットを使う人は少なかったです。サイトも商業的なサイトはほぼなかったし、個人が本当に好きなことを発信していました。だから熱量が高かったと思います。

私は書くことが全然苦にならないので、嫌になったりせずに続けられました。当時の読者がいまも声をかけてくれます。「フガフガのときから見てました」と言ってくれます。あの時代のネットを共に生きた同志との再会のようで、嬉しいですよね。

ブッシュ大統領については、それだけ別のコーナーとして独立させて、延々と書いていました。

データも残っていますが、書く長さもいまとあまり変わっていないですし、書いている内容も変わっていないと思います。しつこく対象を追いかけるところは、いまも昔も同じです。だって、30歳から40歳になるくらいまで、ずっとブッシュのことを書いていたのです。自分でも、心配になるほどの熱量です。書くことが身近にあったし、自分も書くことが好きでしたが、だからと言って他国の大統領の日常について、よくあれだけ追いかけて、飽きもせず書いたなと思います。

だから20代後半である意味、いまのスタイルはできていました。文章は下手でしたが、読む人に笑ってもらいたいという熱のこもった文章を書いていたと思います。

仕事で依頼されて書くとなると、また話は別ですが、フガフガ・ラボの時代には書き続ける力と、読者に笑ってもらうサービス精神を鍛えられたと思っています。

運命の人、ジョージ・W・ブッシュ

アメリカ合衆国第43代大統領、ジョージ・W・ブッシュのことを追いかけはじめたのは、彼が大統領選の候補になるかもしれないという噂がじわじわ立ちはじめた頃です。

当時、私のいちばん仲のいい友人がアメリカに住んでいたのですが、彼女が「私、ブッシュが大統領になったらアメリカを出る」と言ったんです。「なんで?」と尋ねたら、「だって、あんな人がなったら困るもん」と答えました。そう言われたら俄然、ブッシュのことが気になりはじめました。「大統領って偉い人がなるものじゃないの?」という疑問が徐々に大きくなりました。調べれば調べるほど、アメリカ大統領選挙に夢中になりました。

当時はテレビのニュースや新聞から時事情報を得る時代でした。でも私にはインターネットがありました。

その頃のインターネットの情報量は現在のものには到底及びませんでしたが、それでもいろいろな話が転がっていました。現代のインターネット上に溢れる様々な情報より、信憑性が高い情報だったとも言えます。

ブッシュ自身も興味深い人物でしたが、宝探しのようにあらゆる情報を拾い集めていくことがおもしろくて夢中になりました。一人で孤独に情報を集めて、ファガ・ラボにひっそりとアップしていました。

ブッシュについて書くと、読者がおもしろいと喜んでくれるのです。

人を笑わせることが好きだから、その喜びもありましたし、次々と情報を集め、まとめ、これでもか！と出していく。すると目に見えてアクセス数が上がるのです。ゲーム感覚の高揚感がありました。狙って投稿すればアクセスが上がり、コメントが一気につくので、たしかな手応えを感じました。コメントといっても、いまのXなどのSNSのようにはいきません。20コメント、3000アクセスというような世界でした。

ブッシュについては、私は本当にしつこくて、『ブッシュ妄言録』（ぺんぎん書房）が出版されてからも、さらに10年程度は書き続けました。2000年の大統領選から大統領就任、その後大統領選で再選して2009年に退任するまで、結局2期をカバーしました。

フガフガ・ラボをやっていた時期は、書くのが楽しいという一心で、日々大量の文章を書いていました。

当時は翻訳の仕事をしようとか、エッセイを書く仕事をしたいなんて考えたこともありませんでした。そんな大それたことが自分にできるとは夢にも思っていなかったからです。自分が読書好きで本を愛していただけに、そんな簡単な話ではないと理解していました。

だから私は、明確に目標を持って翻訳家になろうと考えて夢を叶えた人間ではありません。翻訳家のなり方なんてまったくわからなかったし、翻訳家になる憧れを持ったこともないまま、偶然見つけてもらったのが私なのです。そういうふわっとした経緯だったのが理由で、残念ながら、営業や売り込みの仕方のノウハウは、私にはありません。

ただひとつだけ言えるのは、「休まず文章を書いて発表していた」ということです。それが結果として、いまの私につながっています。

出版社からのはじめての依頼

廃刊になってしまいましたが、「ダカーポ」という雑誌がありました。マガジンハウスが発行していた情報誌で、時事問題もサブカルチャーも網羅していました。

ある日、「ダカーポ」からコンタクトがありました。フガフガ・ラボに掲載していたブッシュの発言を記事に引用したいという内容でした。あの話題になったフレーズのことです。イギリスの子どもたちに「ホワイトハウスはどんなところですか?」と聞かれたブッシュが、「白いよ」と答えた、あれです。日本でも有名になりました。

私にとっては、「ダカーポ」からのコンタクトが出版社とのはじめてのつながりでした。

次のチャンスはすぐにやってきました。ダカーポの記事で私を知った編集者が、「フガフガ・ラボ」を読み、連絡をくれました。「本にしてみませんか?」と言われ、状況もよくわからないまま、あれよあれよという間に出版となり、瞬く間に売れはじめました。あのときは本当に驚きました。

これは経験を積んでいくなかでわかったことですが、出版社の編集者は、①すでに社内で企画会議を通してコンタクトしてくる場合と、②なんとなくこういう企画を考えていて企画会議にかけたいので、通したら一緒に仕事しないかというスタンスでアプローチをしてくる場合とがあります。

私に連絡をくれた編集者が所属していたのは社員が数名の小さい出版社でした。社長さんが気さくな感じの方で、編集者は本をつくるというコンセンサスをすでに社内で取っている様子でした(①のパターン)。

京都のホテルの喫茶店で編集者と会いました。そのとき資料を持参しましたが、驚かれました。

フロッピーディスクのような記録メディアがあったとはいえ、当時はまだデータといえば紙が主流でしたから、ブッシュにまつわるあれこれを全部プリントアウトして丁寧にファイリングしていたんです。背幅5センチくらいある分厚いファイルを3冊、ドーンと置いたらびっくりしちゃって、「え、こんなにあるんですか？」と彼は言っていました。

普通に考えるとちょっと変ですよね。他の人にとっては何の意味もないファイルです。誰も知らない、誰も別に好きではないことを一人で続けるって、すごく気持ち悪い人じゃないですか。でも私は昔からそういうところがありました。コレクター気質なんだと思います。あのとき、会いに来てくれた編集者があのファイルを一冊の本にまとめていなかったら、いまの私はいないでしょう。

原稿は2、3週間で書き上げました。と言っても、資料も原稿もすでに手元にあったわけだから、それを整理して渡すというシンプルな作業でした。

翻訳デビューはSM小説！

出版翻訳家としてのデビューも私の場合は特異でした。『ブッシュ妄言録』の編集者が「ＳＭ小説を訳しませんか？」と持ちかけてくれたたのです。

その分野は、まったくの未経験です。

いま思えば、よくそんな状態で仕事を受けたと思うのですが、若いから怖いもの知らずでした。

『ブッシュ妄言録』の「あとがき」を読んだ社長さんが、「村井さんは、文章が書けるんですね」と驚かれたそうで、それで翻訳もできるのではないかと踏んでくれたようです。そんなふうに言われて、「え、私、できるのかも？」という、あくまで軽快なノリで引き受けてしまいました。


内容はスパンキングでした。お尻をぶつ性癖に特化した話です。

はじめての翻訳の印象は……長いッ！　いまにして思えば、少ないページ数の作品でしたが、当時は何もかもがはじめてだから、驚きました。

「普通に訳せばいいんでしょ？」くらいの感覚で取り組んでしまったものだから、ひたすらつらかったのを覚えています。そもそも、それまでの人生で、そこまで長い文章を書いたことがなかったのです。せいぜい卒業論文を書いた経験があるくらいでした。

出版翻訳家にせよ、小説家やエッセイストにせよ、一冊の本を出すような仕事を目指すならば、まずはある程度長い文章（数万字）を書き切る胆力が必要だと思っています。

普通に生活していて、SNSやブログサービスで文章を書いていたとしても原稿用紙数十枚から百枚程度の文章を書く機会ってなかなかないと思うんですよ。私もメルマガや「フガフガ・ラボ」で大量の文章を書いてはいましたが、一編の長い文章を書く経験はなかったです。書き切る胆力も備わっていなければ、長い文章の推敲の仕方もわからないし、言葉も知らないし、そもそも文章も下手でした。今読み返すと恥ずかしいレベルです。

よく世に出せたなと思いますが、英国のスパンキングの大御所が書いた作品だけに、根強いファンの方がいるようで、いまだに古書市場で取引されています。

出版翻訳家になるためのルート3つ

一般に出版翻訳家になるには

①翻訳学校に通う
②翻訳家のお弟子さんになる
③出版社に持ち込む

というルートをたどることが多いようです。

①は、信頼できる講師に出会う機会を得られること、そして受講者同士のつながりができることがメリットだと思います。仲間ができれば心強いものです。いろいろな学校や講座がありますので、よく下調べをして決めることが大事ではないでしょうか。信頼と実績があるものを選べば、スキルが向上するうえ、つながりを通して案件を依頼されることもあるでしょう。また、学校主催のコンテストに応募するのも翻訳家デビューへの第一歩です。ゲスト講師で出版社の編集者が招かれることがありますので、出版業界に人脈がないという場合には飛び込んでみるのもいいと思います。

②はすでに活躍されている翻訳家のもとで下訳のお手伝いなどをしながら腕を磨いていく方法です。そのうちに案件を回していただけたりするようになって、やがて独り立ちしていくイメージです。

③の持ち込みについては、本書冒頭のエピソード（2ページ）がひとつの例です。編集者は多忙なので、アポなしでいきなり訪問したりせず、まずは企画書を送るほうがいいでしょう。

出版社は翻訳書の出版を検討する際、その原書を「リーディング」に出すことがあります。リーディングというのは、原書を読める人がその本を読み、概要をまとめ、場合によっては試訳をつけたレジュメにすることです。編集者はそのレジュメを判断材料にして企画会議に挑みます。編集者は翻訳家の卵にリーディングの依頼をすることがよくあります。出版翻訳の経験がない人は、まずはリーディングの仕事からはじめるという手もあります。レジュメの試訳が良ければ、その本の出版が決まったときに編集者がそのまま翻訳の仕事を発注してくれることもよくあるのです。

翻訳学校に通う時間も費用もないということであれば、好きな翻訳家が訳した本と、その原書を手に入れて、2冊を読み比べてみてください。それ以上の勉強法はないと私は思っています。私だったら、まずはこの方法を試します。

芽が出ない焦燥感との向き合い方

はじめての翻訳は、締め切り厳守。ガチっと決められたルールのなかで取り組みました。

喜んで「はい」と引き受けたものの、とても締め切りに間に合いそうもなかったので、最後のほうは家の中でセルフ缶詰め状態で取り組みました。本業は派遣社員を続けていた時期ですから、仕事が終わって帰ってきて、必死で頑張りました。若かったから徹夜もできましたし、週末もこもりきりで訳しました。いまで言う、副業の走りですよね。

私は芽が出るのが遅くて、一作目の翻訳以降は依頼がない時期が長く続きました。1年に1冊でも依頼があれば良いという状態です。

その時期は産業翻訳の仕事を受けたりしていました。とはいえ、派遣社員だったから食べるに困るというわけではありませんでした。積極的に営業をしたわけでもなく、たまに来る依頼をこなすという受け身の状態で仕事をしていました。

翻訳一本でやっていく、と決めてしまったら苦しかったと思うけれど、他に仕事があったから精神的には苦しまずに済みました。だから、翻訳家を目指す方は、最初から翻訳ひと筋と思わずに、私のようなやり方だってあるんじゃないかなと思います。柱をいくつか持つという発想です。後ほど説明します（61ページ）。


私の場合は、出版翻訳の依頼を、いま現在のように年に何冊も頂くようになるとは、夢にも思っていませんでしたし、それを目指す努力もしていませんでした。だからこそ、焦ったりもせず、焦らないから売り込みをするなどの積極的な行動をしなかったし、それでかえって時間がかかったとは言えるかもしれません。

でも、いま翻訳家を目指す人に何か言えるとしたら、

病まずに楽しく生きてほしい

ということです。翻訳家になりたいという夢のために病むような状況には陥らないでほしい。自分なりのバランスを保ってほしいなと思います。人生は、ふとした時に転機が訪れます。焦らずいきましょう。

産業翻訳の他には海外セレブの写真集の翻訳をよく引き受けていました。写真集にキャプションなどで入るセレブのセリフを訳す仕事です。1冊まるごと訳すわけではないけれど、ちょっとした翻訳作業が必要という感じの案件です。あまり収入にはつながりませんでしたが、仕事をもらえるだけで満足でした。

私がやってきたことは、シンプルなんです。

・受けた仕事を実直にやること
・日々書くことをあきらめなかったこと

これだけです。

真摯に、

みんなを笑わせたい、
文章がうまくなりたい、
翻訳がうまくなりたい、

と地道に取り組んでいたら、運命のほうが開けてくれて、小さな経験がつながって、いまがある。それだけなのです。でも、この三つの取り組みの一つでも欠けていたら、今はなかったでしょう。

翻訳家としては仕事がほとんどない時期が長かったですが、それでもいちども途切れることがなかったのは、人間関係を良好に保てたこともあるのではないかと考えています。

運が良かったなんて言うと、無責任だと思われてしまうかもしれません。

運はコントロールできないことのように思うかもしれませんが、でも、決してそうではないのです。

人といい付き合いをしていれば開けていくのが運なのではないでしょうか。

仕事の実績がいちばんの名刺

翻訳でブレイクするきっかけになったのは『ゼロからトースターを作ってみた』（トーマス・トウェイツ著、飛鳥新社 ※『ゼロからトースターを作ってみた結果』として新潮社より文庫化）です。その前の大きなタイトルでは『ローラ・ブッシュ自伝 脚光の舞台裏』（中央公論新社）を訳しました。

ブッシュを追いかけていたから、自然にファーストレディーであるローラのこともウォッチしていたし、だから翻訳の依頼をされたのだと思います。フリーランスをしていると、

前の仕事が次の仕事を運んでくる

ということの繰り返しです。結局のところ、真摯に地道に仕事して、実績を積み上げていくことが、いちばんの営業活動になるとも言えます。

『ローラ・ブッシュ自伝』はいままでいちばん原稿が真っ赤（修正指示が多かった）になったタイトルです。真っ赤というより、真っ黒でした。「もはや赤だと目がちらちらして見えにくいから、鉛筆にしときます！」と編集者に言われて、鉛筆で真っ黒になったのです。このときには本当に鍛えられました。忘れられない1冊です。あの時のことを考えると、いまでも胃が痛みます。でも、あのときの編集者には心から感謝しています。彼女が言った「翻訳は磨けば磨くほど光るから」という言葉は、私のなかにしっかりと残っています。いまでもお守りのように持っています。

『ゼロからトースターを作ってみた』を訳すことになったのも突然でした。担当編集者からメールが来て、「『ブッシュ妄言録』を読んだ」とありました。ユーモラスな訳文を期待されていると気づきました。

理数系の知識が必要な話だったから、文系の私にはそこが難しくて時間がかかりました。編集者にかなり直してもらって、それで練り直して仕上げていきました。著者のトークのような部分は上手に訳すことができたのですが、本当に難しい本でした。あのときも原稿は真っ赤でした。これも編集者に助けられた1冊です。

赤字や鉛筆は、ほぼすべて受け入れました。そのスタンスはいまも全く変わっていません。最初は「なんだか落ち込んでしまうなあ」という感想を編集者にも漏らしてしまったのですが、「本を良くするための作業ですから」と彼は言い、納得して作業を続けた記憶があります。この1冊でも鍛えられました。

もちろん、修正指示のなかには「これ違うでしょ」という箇所もいくらかはあります。そういうところは、「これは解釈違うと思いますよ」と意見を言いますが、編集者や校正者の鉛筆と戦うという姿勢ではありません。書き込まれた内容を見ると、校正者や編集者の人柄が伝わってきます。めちゃくちゃな赤入れじゃなくて、原稿を良くするための赤入れ。そうわかるならば信用します。

私は翻訳の技術を習ったことがないところから翻訳家になりました。最初は完全に手探りで心許なかったけれど、1冊ずつ経験を積むごとに「少しうまくなったかな」という実感も伴うようになりました。翻訳という作業に大きな責任が伴うと気づいてからは必死に学びました。ただただ、読む、書くという方法でしたが、間違ってはいなかったと感じています。

最近では余分な文字が減ってきたという感覚が、かなりあります。文章に余分な「重さ」のようなものがついてこなくなったのです。文字数を使わずに訳出できるという感覚は、経験と共に身についてきます。

おもしろい人になり、日本語を磨き抜きたい

翻訳の技術や知識はなかったですが、強みがあるとしたら読書量だったと思います。子どもの頃から本を読んで、日記を書いても文字数が多い子どもでした。日本語で文章を書く素地があったことが最大の強みになって、翻訳の世界に入れたという自己分析です。純粋に本が好きでした。だから、苦しいと思ったことはありません。

デビュー当時は、英語を訳す能力は高くなかったけど、日本語の能力がベースにあったから波に乗れたのではないかと考えています。

身も蓋もないですが、英語ができる人であっても、

おもしろくない人は、
訳してもその日本語がおもしろくない

という問題があります。

なんでこんなに頭に入ってこないのだろうという翻訳書が時々ありますが、日本語能力の問題が大きいと感じます。自分と合わない文章というものが存在するのです。これは不思議なことで、なんとなく「この人とは合わないな」と感じるように、文章にも苦手なタイプがあるのです。

私は集英社の月刊文芸誌「すばる」で「湖畔のブッククラブ」という連載をしています。翻訳ノンフクションという縛りで選書し、読み、感想を書くというも

のです。先日、その原稿を書くために殺人に関する翻訳ノンフィクションを読んでいたのです。これが、何年ぶりだろうと感じるくらいに、本当におもしろい。文章がとても簡潔なのです。あのような翻訳を読むと、いいなあと思います。かっこいい。憧れてしまいますね。私はシンプルな性格の人が大好きですが、文章もシンプルで簡潔なものが好きなのかもしれません。シンプルで簡潔であっても、文章の「濃淡」は表現できるのでしょう。

訳文に翻訳家のカラーは出ます（80ページ）。それは絶対に出るし、出てしまうものです。そう、出て「しまう」なんです。だから私は、そのどうしても出て「しまう」私というものを出「してもいい」と自分で思えるレベルまでおもしろい人度を上げていくことが目標です。滲んでしまう私が、おもしろい人であってほしい。

翻訳家は、英語（外国語）ができるのは基本、
そのうえでどれだけ日本語を磨けるか、

これに尽きます。

当たり前の部分、つまり英語の勉強をいつするのかという話ですが、私は英語のインプットも多いと思います。仕事で忙しくても工夫次第でインプットはできるものです。

たとえば私の場合、海外のゴシップやニュースを読むのが大好きだし、TikTokも好きで英語の動画ばかり見ています。

毎日大量に読んでいるし、大量に聴いています。家事をしながらドキュメンタリーを見ています。「裁判所24時」のようなコンセプトのノンフィクション系ドキュメンタリー番組が大好き。映画も好きでよく観ています。

英語のインプットという意味では、本を読むだけに限定しなくてもいいのではないでしょうか。とにかく耳に入れる。目で追う。1日3分であっても、積み上がっていくものです。

翻訳家になるには日本語で注目されるのもチャンス

英語のSNSといえば、近年はずっと、投稿した内容で注目を浴びた人が本を出版するというムーブメントが続いています。日本でもSNSからデビューする作家さんがいますが、海外ももちろん同じで、そういう本が増えました。私が訳した『射精責任』（ガブリエル・ブレア著、太田出版）も、X（旧ツイッター）での発言が大きな反響を呼び、書籍化につながった一冊です。

そう考えると、日本に限らず海外の人たちも、本を出すにはまず、

何かしら発信していること、
書き溜めていること

がきっかけになっています。

書き溜めているから書籍化のチャンスがやってくるということです。

私がフガフガ・ラボでやっていたようなことが、いまの時代はもっと当たり前になっていて、簡単にできるようにもなっているのです。ですから、翻訳家を目指すのなら、日本語を書くほうでまずは出ていくというのもひとつの手かもしれ

ません。むしろそのほうが最初から翻訳でいくより、見つけてもらう確率は高いかもしれません。もちろん、おもしろい文章が書けるならば、ということにはなりますが。

　現実的な話をすれば、すらすら外国語を読める編集者はそう多くありません。編集者は翻訳家を選ぶときには、たいてい日本語の文章力で選んでいるはずなのです。外国語がいくらできたところで、その訳文が読めたものでなければ商業出版の本という商品にならないわけだから、これは重要なことです。

　もちろん日本語の文章力がすべてではありません。でも、外国語はできて当たり前という世界です。編集者は日本語としてすでにアウトプットされている何かを読んで、「この本には、あの訳者の雰囲気が合いそうだな」という基準で翻訳家を探しているはずです。

　そう考えると、編集者の目に触れる日本語がすでにあることが、いかに大事かということを理解していただけると思います。名刺を配るよりも、どこかに何か書いたほうがいいのかもしれません。

日本語で書いた文章を世に出したいと思えば、出したいどころか、すでに出していないと駄目なのです。依頼されて出すのがベストですが、そこにたどり着くまでにどうするのかを考えてみましょう。逆説的だけど、依頼されるためにどこかに書いておくのがいいはずです。

自分で発信できる力があることは大切です。いまは無料で気軽にできるSNSも多くあります。だから、そのなかで目立つのが近道ではないでしょうか。文章のプロを目指すのなら、「この人は」と光る発信をするべきです。その発信が誰かの目に留まるのです。いま、世の中は文章で溢れています。それだけにキラッと光ることは難しいですが、何もやらないよりは、わずかであっても書き記すべきだと私は思います。

これは厳しい現実かもしれませんが、結局、おもしろい文章が書けないひとには、良い訳文を書くこともできないでしょう。翻訳というと外国語のプロになることですが、それ以上に日本語のプロになることなのです。

インプットの訓練という意味では、翻訳という仕事そのものが外国語修得の究極のエクササイズです。翻訳家は実践で磨かれていく部分が大きいと思います。なぜなら、長時間にわたって、連日訳すことになるからです。そんな勉強法は、なかなか他にはありません。1冊1冊、訳すほどに力がついていくに違いありません。

第2章 翻訳家の不思議な生態

The mysterious life of a translator

仕事を選ぶ基準は最低限に

仕事の依頼は断りません。

とは言ったものの、あからさまなヘイト本の翻訳依頼が来たら断ります。でもそんな本の翻訳依頼は、滅多にありません。しっかりと出版されていて、しかも日本に持ってこようと選ばれたタイトルがほとんどだからです。実際に、いままでそのような依頼が来たことはありません。

そして、自分ができないと判断した作品を訳すこともないでしょう。いままでそういう経験もありませんが、たぶんお断りすることになると思います。たとえば児童書など、私にはまったく未知の領域です。私は子どもの頃から小説が好きで、いわゆる児童書はあまり読んできませんでした。自分からもっとも遠いと感じるジャンルは、上手に訳す自信がないから、受けることができないと思います。

仕事は選ばないとは言ったものの、「はい、わかりました！」と引き受け、読んでみたら「最初の印象とは違う」となることも、もちろんあります。そんなときはどうするか。原文に出来るだけ忠実に、そのまま訳します。私のテイストを入れて「ここをちょっと、おもろくしちゃおう」みたいなことはしません。

翻訳は、原文に忠実にが原則です。受注した原文をちゃんと訳し切るのが大切です。それが翻訳家の仕事だと、現役の翻訳家の多くが言うでしょう。

でも、ちゃんと救いはあります。

翻訳は1冊の本との付き合いが長くなります。最初は「思っていたのと少し違うな」と感じた内容や、相性が良くないと感じた著者とでも、結局和解してしまうような面があるのです。

読み込んでいるうちに、「この著者はこういうことを言いたいんだな」と、ある程度汲みとることができるようになります。最後には「いい作家だ」と好きになっていたというのは、よくある話です。人間同士のつきあいと同じで時間をかけて育くまれる感情や信頼は、著者と翻訳家の間にもあるのです。

おもしろくなかったときは、

本のせいではなく、
私のせいかもしれない

と考えさせられます。

タイトル、装幀、帯は編集者に任せる

翻訳書を1冊出版するといっても、版元によって、編集者によって、仕事の仕方はまったく違います。私の担当編集者も個性はいろいろです。でも、うまくいかなかったという経験はほとんどありません。

オファーがあったときに、「この人とは少し合わないな」と直感したら、その時点で仕事を引き受けないのがいいと考えています。

大きく仲違いするよりは、未然に事故防止をするのが重要です。

フリーランスにとっては、心を病まずに仕事をしていくことが大事だと思うからです。実際に、スケジュールが合わなかったり、様々な事情で仕事を引き受け

ることができないというケースは多々あります。本は1冊ができあがるまでの時間が長いので、リズムが合わない人と仕事を続けるのは精神的に負担が大きいと思います。

でも、翻訳案件の編集者で、やりにくい人はあまりいません。多くの人が、大らかだからです。長いスパンで翻訳家と一緒に働くことを、最初からわかっているからでしょう。

私は本のタイトルや装幀にも口は出しません。タイトルも装幀も帯も、本をプロデュースするのは編集者の仕事領域だと思うからです。

本の売り上げに直結する、とても大変な仕事です。むしろ、「やってください」とお願いしたいわけです。

そもそも翻訳書には著者がいます。だから翻訳家が何か言うところではないと思っています。

編集者は原書の版元とも調整をしながらタイトルを決めます。翻訳家も意見くらいは求められることはありますが、翻訳家がタイトルを付けるなんてことはほぼないはず。ときどき、アマゾンのレビューなどで「タイトルが悪い」と翻訳家が責められているケースを見かけると、つらいです。

翻訳家はタイトルを付けない。

これは声を大にして言っていきたいです。

文章にこだわりがあるんだか、ないんだか

私は自分の内から言葉をいちど出力したら、あまりこだわらないタイプです。翻訳にせよ、エッセイにせよ、原稿の手離れが早いのではないかと思います。提出するまでは推敲を繰り返して粘りますが、編集者に送ってしまったらあとはお任せ！です。原稿の手離れがいいのは、一刻も早く離れたい気持ちがあるせいじゃないでしょうか。必死になって推敲して、1日でも前倒しして編集者のもとへ送り出したい気持ちです。

なんならもう戻ってこなくていいから！

そんな気持ちで送り出しています。しかしそうは言っても、戻ってくるときもあります。本の仕事は翻訳でもエッセイでも、原稿がゲラ（校正刷り。印刷物のレイアウト通りに原稿が印刷されたもの）になって戻ってきます。短いコラムの寄稿でもそうです。

戻ってきた原稿が手元にあると、とても焦ります。またすぐに送り出したい気持ちになるからです。だから「ご指摘部分、反映でお願いします！」と返すことが多いです。

それはそれで、編集者が心配になるようです。「ちゃんと、ゲラ見てます？」としょっちゅう言われています。見てます。

マラソンで言うなら、走る過程にはこだわって一生懸命なんです。だけど、ゴールしたらどうでもいい、というランナーかもしれません。せっかく走り終わっても、打ち上げはなくていいのです。あの人、もう家に帰ってしまってる！ような、潔い人に憧れます。

翻訳は相当な時間をかけて訳します。長い時間をかけて文章を扱っているので、最後のほうは力尽きてきます。訳す作業は、1回だけ本を読み通して成立するものではありません。翻訳の場合は、通して少なくとも3回は読むと考えていいでしょう。Audibleでも1回聞きます。正直、辟易するほど作業はあります。

そういう意味では、私は効率の悪い仕事の仕方をしていると思います。その代わり、これくらい徹底して、覚えるくらい繰り返すと、原稿を出したあとはあまり怖くありません。自分としては、最大限に精度を上げて出しているつもりだからです（それでもミスが出るのが翻訳の怖いところ）。

仕事に取り組んで、不安なく堂々としていられるのは大事なことです。

出版翻訳は儲かる仕事か？

本を訳して得る報酬には大きく2つのパターンがあります。

①翻訳印税
②翻訳料

①の印税は出版社が翻訳家に払う著作権料のことです。定価や発行部数に基づいた歩合で支払われます。

たとえば、「定価1500円、印税7%」という印税契約であれば、1冊あたりの印税は「1500円×7%＝105円」ということになります。なーんだ、たった105円か、と思うかもしれないけれど、10万部なら1050万円、100万部なら1億500万円という額になります。

著者や翻訳家として印税を得ていると、「夢の印税生活ですね」なんて言われたりしがちですが、現実は甘くありません。1万部売るのが大変になっているこの時代、印税でどんどんお金が入るなんてそれこそ夢みたいな話です。でも、だからこそ夢があるとも言えます。出版が博奕《ばくち》たる所以です。

印税は印刷した部数で算出する場合（刷り部数印税）と、実際に売れた冊数で算出する場合（実売印税）があります。ここは仕事の打診があったときに確認しておきたいポイントです。

②は納品物（翻訳原稿）の対価として翻訳料をもらうパターンです。発行部数

には連動しません。初版の刷り部数が３千部だろうと、１万５千部だろうと、決まった額で報酬をもらいます。

他にも、①の印税と②の翻訳料を合体させるような場合もあります。たとえば初版部数が多く刷れないタイトルで印税だけの支払いだと報酬が少なくなってしまう。だからその分を翻訳料として乗せるというケースがあります。あるいは、初版時は翻訳料として支払い、増刷以降は印税を支払うというケースもあります。

報酬については、版元によっても、あるいは同じ版元であってもタイトルによって、条件や考え方が都度違います。最初の段階でちゃんと取り決めておくことがいちばん大切です。

斜陽の出版市場のなかの出版翻訳の未来

翻訳出版の平均的な印税率は近年下がっています（６％〜８％）。出版業界全体が縮小しているなかで、翻訳本の市場も例外ではありません。例外どころか、深く影響が出ているジャンルのひとつかもしれません。

ひとことに翻訳書といっても、ビジネス書、実用書といったよく売れるジャンルがある一方、文芸やノンフィクションは厳しくなっているのを感じます。伴って、出版社が初版で刷る部数も明らかに減ってきています。

そう考えると収入の面では大変厳しい仕事です。とっくに納品してあるのに、出版社の都合で刊行が遅れることも多々あります。こうした支払い遅延については、今後、フリーランス保護法という法律で、納品後の入金が大幅に後ろ倒しになることが禁じられていくようです。

とはいえ、毎月しっかりと定期収入がないと困るという人にはそもそも向かない仕事です。

売れっ子になって、何もしなくても以前訳した本が文庫化したり、ロングセラー化した訳書が何かしらいつでも増刷したりという状態ならば別です。しかしそんな翻訳家は一握りでしょう。そこまでいくには何十冊も訳していかなきゃならないし、そうすると出版翻訳一本で生きていくというのは、やはりなかなかの大仕事だということになりそうです。

翻訳の場合、私は印税8%でお願いしたいし、実際にお願いするのですが、そうはいかない場合も多いというのが現状です。それでも6%は切ってほしくないし、そういう提示の場合は必ず交渉するようにしています。

しかし、ここが苦しいところでもあります。

職業人として正当な報酬を得るのは当然のこととして、そのことが翻訳出版市場の縮小にも遠巻きに関わってしまうという問題について考えてしまいます。

小ロット（初版部数が少ない）で本をつくると、当然原価が高くなります。編集者は初版部数をたくさん刷ることができないジャンルの本でも、利益を出すために原価を下げる努力をします。原価をうまく下げ切ることができなければ、商売として成立しないので、刊行をあきらめるしかないからです。いくらいい本だろうと、商売として成り立たないなら世に出ないということになります。

原価を下げるためにできることは何か？　紙を安いものにしたりといった諸経

費をおさえる工夫です。

でも、いろいろなものを削れるところから限界まで削り抜いて、それでもなお印税を8%も払えない。それがいま翻訳出版をめぐってあちらこちらで起きていることだと思います。

「こんな印税条件を提示するのは翻訳家に申し訳が立たないから、もう翻訳本の企画を出すことをやめた」という編集者の声も聞きます。つまり翻訳本が商売として成立しないところまで来てしまったのです。これは翻訳本にかぎりませんが、一部のベストセラーの売り上げでその他9割の本をフォローしているというのが出版市場の現実です。


その本の出版がビジネスとして成立しないからあきらめて出さないというのは当たり前の判断です。無理に本を出そうとするために、翻訳家やその他の人たちの報酬に皺寄せがいくようなことは決してあってほしくない。

でも、だからといって翻訳本を出すのをあきらめるという判断が増えていくとなると、翻訳出版の市場はいまよりさらに縮小していく。

これは「経済」の話だけではないというところが問題で、日本の翻訳出版の

「文化」がダメージを受けるという怖さでもあります。

翻訳書の刊行をあきらめる版元が増えていくと、それだけ市場全体での翻訳家の仕事の数が減ることになります。

結果として首が絞まるのが翻訳家だということを心配しています。そんななかで今後自分に何ができるのかを考えていかなくてはなりません。

もちろん新しい読者を増やして市場を拡大することがひとつ。そのためにはどうするか。結局のところ、いい翻訳をして読者に喜んでもらうことに尽きるし、その本を一人でも多くの人に読んでもらえるよう、翻訳家としてできるＰＲにも協力していこうと考えています。

とはいえ、人口が減っていくという現状は抗いようがない現実です。市場がきつくなったときにどうやって稼いでいくか。そのプランを持つことが、未来の翻訳家の生き残り戦略になります。

生き残るには柱を複数持てばいい

翻訳出版の市場はなかなか厳しそう。では、現実問題としてどうサバイブすればいいのか？　私は柱を複数持つことではないかと考えています。

ひとつのことにこだわって生きるのはかっこいい。そのこだわりをキープするために柱を何本か持つ。

これが私の考えるサバイバルです。

どんな職種でも、どんな人でもそうではないでしょうか。超売れっ子でもないかぎり、明日どうなるかはわかりません。そういう意味で考えれば、ほんの一部の天才を除けば、誰でもリスクを背負って暮らしているのです。だからこそ、自分を支える柱が1本脆くなったり、崩れたりしたときのためにも、2本目、3本目の柱を持っておくことは大切です。

だって健やかに生きていきたいじゃないですか。自分の身を削ってまでストイックになる必要はないし、翻訳だけが純粋に美しい仕事ではありません。いろんな仕事をやっていいのでは？　私は常にそう考えています。
「翻訳家一本で稼いでいます」と言うのはかっこいいけれど、その好きな翻訳を支えるために、別のことをしたからといって、それがかっこ悪いことではありません。

私の場合は、2本目の柱がエッセイの仕事ということになります。いまは、エッセイの比重が増えてきていて、出力する文字数の量は圧倒的に翻訳ですが、依頼案件数ではエッセイが6、翻訳が4くらいの割合に入れ替わってきています。このバランスは自分では、実は、あまり良くないと思っています。翻訳のほうが儲からないのですが、やはり、自分という人間の仕事を考えたとき、足下が揺らがないのが翻訳だと思っているからです。このあたりのバランスは崩さないように、常に気をつけてはいます。つまり、翻訳は変わらず、コツコツとやり続けること。翻訳をあきらめないこと。それが私が自分に課した目標です。

他の翻訳家を見ていると、たとえば、「1本目：出版翻訳、2本目：産業翻訳」というケースもあるし、「1本目：出版翻訳、2本目：翻訳の講師業」というケースもあります。出版翻訳1本で、本当は文芸書の翻訳だけをやりたいけど、リスク分散して「1本目の①：文芸書翻訳、1本目の②：ビジネス書翻訳」ということもあるし、かつての私のように、「1本目：会社員や他の仕事、2本目：出版翻訳」というケースもあります。

綺麗ごとを言っても仕方がないと思うから夢のないことを書くのですが、いま出版翻訳の仕事に参入しようというのは、時代の逆を行っている業界に突っ込んでいくこと。いちばん苦しい戦いに挑むということなんです。

それでもいい仕事だと私自身は誇っているし、魅力もあります。でも、とにかくがむしゃらに努力しなければならない世界だとは思うのです。

いま成功している翻訳家は必ずどこかでがむしゃらにやってきた人たちです。天才なんて滅多にいない。文章がうまい人も、書いているからうまくなるんだし、読んでいるからうまくなるんです。

なかには生まれついてうまい人もいるし、特別な才能だって、たしかにある。でもその才能を下から支える努力が絶対にあるはずです。ということは、才能がないと駄目なのではない。

だから才能を凌駕する努力をする。


これができたら可能性はある、ということではないでしょうか。そう考えることができたら、やりがいも、挑戦しがいもあるはずです。

翻訳は、仕事量ほどは儲かりません。これは重要なことですので、はっきりと書いておきます。でも、やっぱり楽しいです。自分の幸福度はすごく高いと思います。自分の好きなことが仕事になっているからです。嬉しいし、誇れるし、努力してきて良かったと思っています。続けてきて良かったです。誰も振り向いてくれてはなかったのに、書き続けて良かったと思うのです。

それでも実は、私は最近、3本目の柱を探しています。まだまだ可能性は残っていると信じています。私は翻訳家としてではなく、一人の人間として、楽しい人生を送りたいのです。楽しいこと、新しいことへの挑戦は、何歳になっても心躍ります。

原書は先に読むか、読みながら訳すか

原書は、先に読んでから訳す人と、まったく読まずに訳しはじめる人と2タイプに分かれると聞きます。

私のもとには、別の方がリーディング（下読み）を担当した本の翻訳依頼が来ることもありますが、どちらにせよ、最後まで読んでから翻訳に着手するというこだわりは、私にはありません。

というのも、依頼があるような本は、すでにそれなりに売れていたり、話題になっていたりするからです。こうした本はリサーチすれば大まかな内容が把握できます。

アメリカには学生向けの本の分析サイトがあります。

本の内容だけでなく、解釈も細かく分析しています。各章のサマリーがけっこうな分量でまとめられていて、重要なポイントや、なぜこの場面では著者がこのような書き方をしているのかといったことが参考書のように書いてあります。他には「ニューヨーク・タイムズ」など、定評あるメディアの書評をチェックしま

す。Amazonといったインターネット書店のレビューもある程度は参考にします。

『エデュケーション 大学は私の人生を変えた』(タラ・ウェストーバー著、早川書房)を訳したときは、すでに本国で大ヒットしていたという事情もあって、情報も多かったのです。様々なサイトであらかたの内容を把握してから訳しました。著者のインタビューもYouTubeでほとんどすべて視聴しました。そうすると、著者の人となりがよく理解できます。このような情報を事前に把握しておくことで、翻訳速度も上がりますし、何より気持ちが楽です。

ある程度のリサーチ(準備)を事前に固めてやってしまって、あとは冒頭から一気に訳していくのが私のスタイルです。

私と同じく、最後まで本を読まずに訳しはじめる翻訳家も多いのではと想像しています。というのも、何せ、締め切りまで時間がないケースが多いからです。いずれにせよ、翻訳とは、情報をかき集め、それを文字に変えていくような作業だと言えます。リサーチ好きな人にとっては楽しい作業ですが、それが苦手な人にとっては苦しいかもしれません。

進行管理はキンドルで

翻訳には締め切りがあります。そこに向かって訳していきますが、1日に訳す分量をある程度は決めています。

本によるので一概には言えませんが、3、4日で1章くらい訳すのが私の目標です。当然、目標なので、達成できないケースが多いです。本の内容にもよりますが、難解な本だと、1章進むのに2週間かかるなんてケースもありました。

ノンフィクションで難解な作品だと、1週間で1章訳せたらかなり速いペースですし、私が訳した『射精責任』という一冊は、文字数が少なかったため、1日1章というペースで訳していました。

エクセル表でタスク管理をしたりはしていません。本当はやるべきなのでしょうが、エクセル表を管理することすら大変に感じられるほど、翻訳とは疲れる作業です。訳しはじめてだいたいのペースをつかみ、自分自身で最後までスケジュールを管理していきます。ただただ、「編集者に迷惑をかけないように」という一心で。健気ですよね。

訳すときにはキンドルに入れた原書を使います。

キンドルは下のほうに、いま全体の何パーセントの場所を読んでいるのかが表示されます。そのパーセントで進行状況を確認しています。「えっ、まだ19パーセント？」と、がっくりくることも多々あります。

『ラストコールの殺人鬼』（イーロン・グリーン著、亜紀書房）は、紙版の原書が255ページ、日本語に訳すと232472ワード（原稿用紙580枚あまり）もある本で、大変な作業でした。１日作業して、全体の１パーセントしか進んでいない……という日もありました。そのペースだと100日かかるから、急いで先に進もうと考えるわけです。

作業の遅延は翻訳家のメンタルにこたえますが、同時に翻訳家のメンタルを鍛えてくれると私は考えています。そうして誰もが修羅場をくぐり抜けて、強くなっていくのだと信じています。

自家製用語集がスピードを上げてくれる

訳すペースはどんな本であっても、序盤のほうが遅い傾向があります。

1冊訳すのは、登山と同じだと思います。最初は様子を伺い、足元に注意します。風景も変わり映えしませんが、途中から登る速度が速くなるし、視界が開けてくるのです。

訳していくうちに、その本特有の単語が繰り返して出てくるので、頭の中に徐々に用語集ができていきます。用語集が脳内にセットされると、作業は速くなります。

この方法は特殊かもしれませんが、私は訳文ファイルのいちばん末に、繰り返し出てくる単語をずらっと書き込んでいます。ファイルをあえて分けたりしません。訳文の末の、すぐそばにリストアップしておくのです。

これは、すぐ目に入るようにする工夫です。訳文の真後ろに用語集を置いておくと、探すのが簡単なんです。用語を探すためにいちいちファイルを遡ったりしなくていいのは、とても楽です。

そして文末に用語集を置いておく良さは、すぐコピー&ペーストできることです。「〇〇〇〇〇〇協会」など、長い固有名詞の場合は、さっとコピー&ペーストする。これでタイプミスせずに済みます。

ダブルダーシ(――)なども用語集に書き出してあります。出すのが面倒くさい記号を一瞬で、間違いなく写すことができるようにしています。

用語集が固定されてくると、訳すスピードが格段に上がり、本の終わりに近くなると、かなりの勢いで作業は進みます。

訳している途中で、用語集の内容を見直すことも多々あります。それまでAという訳をあてていたけれど、やっぱりBという表現のほうがいいな、というケースです。

そういうときは用語集の用語を直し、そのタイミングでいままでAと訳してきた箇所をすべて洗い出して修正してしまいます。見直しと修正の作業を先送りしないのがコツです。ほんのわずかな工夫ですが、後回しにすると面倒になったり、忘れたりするからです。

用語集を別のファイルにしてしまうと、そのファイルを開くことが面倒になったりしませんか？

ファイルを開くなんて、ほんの一瞬のことですが、作業が乗っているときはその一瞬さえ面倒くさくなります。面倒だからあとでまとめて確認しよう、なんて思ってしまうこともあります。そして、そのまま忘れてしまうのです。

用語集をエクセルにまとめたりすると作業をしっかりしている感覚があります。でも、そのせいで見失うものも、私の場合はあります。

不思議なことですが、私の場合、ファイルが分かれると、気持ちも途切れるようなところがあります。1ファイルにまとめておくことが、自分の「サボらなさ」につながっています。

訳した箇所から出稿するか、訳了してから出稿するか

本を制作する都合上、訳した章から五月雨式に編集者に原稿を送るケースがあ

ります。編集者は本の内容を少しずつ頭に入れておくことができるし、編集者と翻訳家の方向性のズレも擦り合わせやすくなるというメリットがあります。

デメリットもあります。翻訳は進むうちに、だんだん大胆に、そしてスムーズになっていくからです。

最初は慎重に細かく訳しはじめるけど、乗ってくると訳すスピードもアップするし、訳の精度も上がっていく。固有名詞の使い方が変わったり、文章のリズムがよりすっきりしたりといったことが起きてくるのです。人称代名詞や指示代名詞、接続詞。こうした日本語では省略しても意味が伝わる言葉を削っていく匙加減が、より大胆になります。

私は、序盤はきっちり訳していくのですが、途中から訳文が自分のものになってくると代名詞を削る度合いが上がります。調子が出てくるということです。こなれてくるとでも説明すればいいでしょうか。

そうして最後まで訳し終えたら、すぐ休まずに最初に戻ります。

最後のこなれたテンションで、振り出しをもういちどチェックしていくのです。

こなれたテンションに全体を合わせていくという感覚です。序盤のガチガチのところを緩めていく作業です。

耳でチェックするとわかること

訳すときはずっと、キンドルの原書と訳文ファイルを隣り合わせに立ち上げて作業をしています。

推敲が終わったあとは、Audibleを使ってチェックをします。目よりも耳から情報を得るほうが得意だと気がついたからです。音声でチェックしたほうがずっと速いのです。

私は自分の目をあまり信じていません。

目には勝手に入ってくる情報が多いので、見落としやすいと感じています。私は注意力も散漫なので、かなり苦手な作業です。これは、個人の特性のようなものである気がしています。耳より目が強い人もいるでしょう。

原書と突き合わせて訳しているつもりでも、どうしたって訳し漏れは発生するものです。単語を落としたり、1行落としたりといったことも、1冊の本を訳す過程では必ず起きます。

訳し漏れを拾うときに、目で原書と訳文を交互に追うより、耳で原文を聴き、訳文を目でなぞるほうが気づきやすいのです。Audible で音声を流しながら、同時に目で日本語訳を追うという作業になります。

目から入ってくる日本語の文字情報と、それと同時に耳から入る英語の音声情報が、脳のなかでぶつかって、弾けていく感覚があります。目と耳、2つの入り口から入ってきたものが、ひとつに重なる瞬間です。

すると、「ここを落としていた」とすぐわかります。漏れに気づいたらそこではじめて原文を確認し、「ここが落ちてる」と、再確認して修正するのです。

アメリカは Audible の市場が大きく、私が訳す本のほとんどは Audible 版も出ています。アメリカの Audible は著者本人が読むこともよくあります。自伝が出ているパリス・ヒルトンも、ミシェル・オバマも自分で読んでいます。

Audible で聴くと感情の起伏がよくわかります。

以前、寝ながら原書の Audible を聴いていて、飛び起きたことがありました。「いま、笑ってた！」「そうか、笑うシーンなんだ」と、声の抑揚でわかったのです。あわてて訳文と原文のファイルを立ち上げて、その箇所を確認しました。

最初はなんとなく聴くようになった Audible ですが、そんな経験を経て、本格的に使うようになっていきました。武器がひとつ増えたような気分です。

音声は文字よりも情報量が多いと私は感じています。

しっかり訳しているつもりでも、文字だけだと行間や感情が深く読み取れていないことがあります。

日本語の文章でも同じですよね。著者がここで笑ったのは、嬉しいからなのか、皮肉なのか、曖昧でよくわからないといったことはよくあります。読解力をいくら駆使しても、わからないからこそ読書はおもしろいのですが、訳すときには悩ましい問題です。

音声で聴くことで、そうしたうっかりを防ぐことができます。

英米圏の本は分厚いことが多いので、Audibleも18時間あったりします。そのまま流していたのでは間に合わないから倍速で聴いています。

最近は倍速で聴く技も磨きがかかってきて、2・5倍速くらいまでは聴けるようになりました。本1冊でも2、3日でチェックが完了します。人に言うと驚かれます。でも、ちゃんと耳に流れてくるのです。

人間は繰り返し努力をすれば、できるようになる。
繰り返すことによって誰もがエキスパートになれる。

これはとても希望のあることです。

デスク環境は極限まで効率化すること

先日、若い漫画家さんの制作動画を見ました。大きなモニターの前で立って仕事しておられて、片手はキーボードをパチパチと叩きながら、片手はペンタブでペンを動かしている様子でした。

漫画を描いているのだけれど、動きがDJみたいで見惚れました。キーボードの操作はすべてショートカットの操作のようでした。ペンで少し描いては、いちど手を止めるといったことがない。ずっと両手が動いているのです。

すごいスピードで絵が描かれていきます。独特なスタイルだけど、描いて、描いて描きまくって経験を積み上げた結果、あの境地にたどり着かれたはず。

翻訳作業の場合、いっときも手を止めることなくというのには限界があります。作業が地味であることに変わりはありません。それでも、目から英文（原文）が入ってくると同時に、キーボードが日本語（訳文）を出力しているという境地に到達するのが、私の究極の目標です。

だからデスク環境は自分に合うようにカスタマイズしています。ほとんどの翻訳家が自分なりのカスタマイズをしているはずです。MacBook Airを開いてスタバで作業みたいなことは、私にはとても無理です。エッセイだったらできますが、翻訳は難しいでしょう。

以前、翻訳家が登場する恋愛ドラマを撮るので翻訳家のデスク環境について教えてほしいと頼まれたことがありました。協力しましたが、「全然オシャレじゃなくてごめんなさい」と思いました。卓上にはいつもバンテリンとか、昼に食べたラーメン鉢などが置かれたままです。

私たち翻訳家は、複数のモニターを使う人たちです。私も大画面モニター（27インチ）が2台です。できれば3台にしたい。

ノートパソコンやiPadも置いているし、キーボードは鈍器本（ページ数の多い、鈍器になるぐらい分厚い本）のワード数を叩きまくっても耐えうる、頑丈かつ、性能のいいものを使っています。

辞書は基本が、インストールしたものを4冊。あとはネット辞書。どちらかといえば、トレーダーとかのデスク環境に近いと思います。恋愛ドラマというより、マイケル・ダグラスがウォール街で暗躍する系のデスクです。

モニターは1台に辞書と原書（キンドル）を開き、もう1台にブラウザーと訳文ファイルを開いています。だから4画面を同時に開いているということになります。

その前提で右のモニターを見て、次に左のモニターを見るとき、私はできるだけ目の移動距離を短くしたい。いちいち右を向いて、左を向いてというのがストレスだし、時間のロスだから。仕方なく、2台のモニターをかなり近づけて並べています。私のデスクを見た人は一様に「モニターの配置おかしくない？」と言います。

マウスも当然酷使します。そのせいで最近は常に右手首がおかしくて、マウスはなるべく小さく軽いものを使うようにしています。

翻訳家の井口耕二さんのデスク周りの写真を見たことがあります。真っ先に目に留まったのはマウスでした。いまはわかりませんが、その写真では有線マウスを使っておられて、「ああ、わかる」と思いました。

Bluetooth接続のマウスだと、反応が遅い！と思うときがあって、それが許せないのです。たかが0・5秒反応が遅れるというレベルなのですが、地味にストレスになります。作業が佳境に入ると、荒々しい気持ちで仕事をしていますから。

翻訳家とは愉快な人たちで、デスク周りの環境を語らせれば何時間でも盛り上がることができます。そして、自分が得た知識を何の見返りも求めず共有することができる心の広い人たちです。私もいろいろなことを教えていただきました。素晴らしい仲間に恵まれているなと感じています。

私は小説家のデスク周りを見るのも好きです。そして、「翻訳家と小説家は完全に別の職人だな」と感じます。「小説家はシンプルだな」と思います。シンプルなのは、とにかく自分の原稿が真っ直ぐ目に入ってくる仕組みになっているからなんでしょうね。

訳文に翻訳家の思想が反映される？

訳文の文体は本の個性によって調整します。文体そのものは自分のエッセイを書くときと基本は変わらないのですが、どれくらい崩すかという違いです。でも、「自分の色」は付けないように気を遣います。

「自分の色」「自分の癖」を出さないというのは、「読んだ文章のままに」訳すよう「非常に」気をつけるということです。

いつも念頭にあるのは、

原文に忠実に

という言葉です。これは基本中の基本で、きっとおもしろみはないでしょう。求められないかぎり、自分のカラーは出さないようにしています。

勝手に端折らない

自分の判断を入れない

この2つも、日々気をつけるように作業をしています。

編集者が全体を編集する段階で、ここはいらないのではないかと判断するのは、著者の許可があれば、いいでしょう。でも翻訳家はそういうことを自分ではやらないはずです。私自身ここはいらないから割愛といった判断は、勝手にしないようにしています。勝手にそうするのではなくて、判断するための材料をすべて編集者に提供することに全力を注ぎます。

そうやって「隅から隅まで訳し尽くすこと」が、私なりのこだわりです。きっちりと、カーボンコピーみたいに、そのまま日本語にして出力したいという気持ちなのです。

翻訳の色に対するこだわりはまったくないのですが、読みやすくする工夫にはこだわるタイプです。

たとえば、英語にはときにとてつもなく長いパラグラフがあります。ページが真っ黒く見える、まるで岩のような塊のパラグラフが登場することがあるのです。そういう長文を、読みやすさを考えて2分割にするといった作業は行うことがあります。ただ、極力単語を漏らさずに分けるようにしています。そして、自分で読んでいちどで理解できないような文章は残さないように工夫しています。

ノンフィクションを訳すことが多いのですが、ノンフィクションは著者が無駄のない文章で、ぎっちりと事実を並べていくというスタイルが多いジャンルです。日本語にするときも、そのスタイルを崩さないように訳すことを心がけています。

自分の感情が入り込まないように、淡々と事実を積み重ねていくような訳を目指すのです。

一方で『ゼロからトースターを作ってみた』のように、著者自身の語り口が前に出ていく体験ルポでは、文体もそれなりに崩し、著者らしいキャラクターが伝わるようにしています。主語を「僕」にしたりといった工夫です。

でも、そういう特例以外は、本当に本のまま、自分が原文で読んだときに受ける印象を大切にして訳します。

自分のカラー問題については、全面に出る人と、まったく出さない人とが、明確に分かれるような気がします。

ジャンルにもよるのではないでしょうか。ノンフィクションとフィクションでは事情は大きく異なるでしょう。フィクションでも、文学と児童文学では違いますよね。文芸の分野は、翻訳家の技量や特徴が色濃く出る分野かもしれません。

そのジャンルでトップになって、自分のカラーで訳していくというのもひとつのやり方でしょう。私は自分をそこまでのレベルだとは思っていませんし、自分の色は自分のエッセイで出せばいいという考えが常にあります。

そういう意味では、私の編集部からの修正指示へのこだわりのなさというのも、翻訳の姿勢に関係しているのかもしれません。

編集者がどう料理しようとお任せです。変更指示が入っても、突拍子のないものでなければ気にもなりません。むしろ、ケアレスミスを拾ってもらう状況が多く、感謝しています。もし自分のスタイルや考えにこだわりがあると、指摘や赤字に苛立ったりするのかもしれません。私にはそこまでのこだわりがないのです。


最近なぜかよく、翻訳本は翻訳家が思想を入れて訳しているという批判を見かけるようになりました。たしかにそういう本もあるのかもしれませんが、原書をありのままに訳すのがプロの翻訳家ではないでしょうか。たとえ、その本の思想が自分の考えと違っていたとしても。翻訳家は勝手な解釈や思想は入れ込まないで訳しているはずです。

ノンフィクションへのリスペクト

私のエッセイはアメリカのノンフィクションの影響を受けていると感じています。

『兄の終い』（CCCメディアハウス）は、兄が突然死し、遺体を引き取りにいく5日間を記録したエッセイですが、基本は事実の積み重ねで成り立つノンフィクションのスタイルです。自分の感情を吐露した場面もありますが、起きたことを淡々と並べていきました。

やはり、アメリカのノンフィクションはかっこいいなと思うのです。殺人事件や印象深い体験が綴られたシビアなノンフィクションを訳すと、ときに強烈な印象を与える文体に出会います。エドガー賞を取った『ラストコールの殺人鬼』には、事実が整然と並べられていて、私もこんな文章が書きたいと思わせてくれました。痺れながら訳しますし、訳しながら最高の気分です。

すべて訳し終わってから、何度も読み直しては余分な文字を削っていきます。読点の位置を変えたり、文章の贅肉を削ぎ落としていく作業をします。

すると、日本語の訳文でも英語の原文のようにパラグラフの塊がきちっと固まって見えるようになるのです。その瞬間は、これで形は決まったと思います。

アメリカはノンフィクションの国だと感じます。彼ら独特のライティングの手法があるのでしょうが、ノンフィクション作家たちは本当にストイックに事実を積み上げています。

ライティングの基本をしっかり身につけた作家が、出典や参考文献を細かく巻末に付け、自らが調べ上げた事実を伝えようとする姿勢が徹底されています。私もそんな書き手でいたいと思わずにはいられません。

たとえば『ダメ女たちの人生を変えた奇跡の料理教室』（きこ書房 ※『「ダメ女」たちの人生を変えた奇跡の料理教室』として新潮社より文庫化）の著者キャスリーン・フリンです。料理ができないことで自分がダメだと思い込んでいた女性たちが、料理の仕方を基礎からひとつずつ学んでいくことで自信を取り戻していく群像劇のようなルポルタージュです。

ハートウォーミングだし、泣けるシーンもあって、ふんわりした空気で書かれています。それでもキャスリーンは、きっちり事実を積み上げて書いていると感じます。様々な統計値が網羅されていて、アメリカの食卓の現状がよく見える内容となっています。

『エデュケーション　大学は私の人生を変えた』の著者タラ・ウェストーバーは、凄惨な暴力シーンの詳細をきっちりと書いています。骨が砕ける音、アスファルトの上を引きずられる様子、便器に頭を突っ込まれる痛みが、ありありと浮かぶほどのリアリティーと緻密さです。想像するのもつらいような事実を、しつこいくらいに描写しています。

普通はそこまで書かないでしょうし、書きたくもないと思います。でも、記録としてすべて残そうとしているのだという印象を受けました。それこそが、本物のノンフィクションライター精神なのだと思います。

本を攻略するというおもしろさ

最近、海外の大学生と話す機会がありました。その女性に「普段は何をやってるの？」と訊かれたので、「ノンフィクションの本を訳しています」と答えたら、ノンフィクションほどおもしろくないものはないし、あんなものをどうしたら読めるのか、訳せるのか理解できないと、ため息交じりに言われてしまいました。もしかしたら、大学の課題でノンフィクションを読まねばならなかったのかもしれません。

しかし、妙に納得もしてしまいました。私だって若い頃は、ノンフィクションなんて見向きもせず、小説ばかり読んでいたからです。現実がいちばん怖いのだと知らない若者でした。しかし、社会に出ていろいろな人に出会い、様々な事件や事故、自然災害のニュースを読み、徐々にノンフィクションの世界に引き込まれていったのです。彼女の場合は、これから先、ノンフィクションが徐々におもしろくなってくるはずです。

現実が、人間が、いちばん恐ろしいとわかってからが本番なのかもしれません。

ノンフィクションは、読む側も覚悟を試される側面があります。長い文章を読む胆力が必要で、いくらでも娯楽が溢れるいまの時代には難しい分野です。

それではノンフィクションという分野が比較的人気のアメリカでは、誰もが本を読むかといえばまったくそんなことはありません。しかし一定数のノンフィクションを支える人たちがいます。ノンフィクションやドキュメンタリー、リアリティーショーもそうですが、リアルなものを追うのが好きな人たちがいて、そうした一部の人たちによって守られているカルチャーなのではと考えています。アメリカとは人口も違うので一概には言えませんが、日本でもノンフィクション市場がもっと盛り上がってほしい！　切実にそう考えています。だって、本当におもしろいジャンルだから。

昭和の時代から続いた、いわゆる翻訳文体が、翻訳ノンフィクションは難しくて読みづらいという印象を与えてしまったのかもしれません。人の名前や地名に馴染みがないから覚えにくいということもあります。

編集者が日本で刊行する海外の本を選ぶときに、分厚い本を避ける傾向があります。分厚いと日本の市場では売りづらいという判断になって、ノンフィクションが最初の段階で弾かれてしまうという面もあるようです。

でも分厚い本を頑張って読んでいくことでしか見えてこないおもしろさはあると思います。

本には攻略する楽しみがあります。

例えば、私は時代小説の『鬼平犯科帳』や『御宿かわせみ』が好きですが、全作を長年かけて読んでこそわかる世界観があるのです。

攻略することの楽しさは、攻略してみないとわかりません。

そして、「攻略する素地」のようなものは、多くの人に備わっているような気がしています。

というのも、私は「ある翻訳家の取り憑かれた日常」（だいわlog.）という連載をしていて、同じタイトルで大和書房から本にもなりました。あれはファクトの積み重ねだし、けっこうなボリュームがあります。連載で2週間に1回読むからボリュームを感じないというのはあるかもしれませんが、結果としてあの本を読んでくださった方は、ページ数の多い本を制覇したことになっているんですよね。

翻訳家は辞書でフルアーマー

前述のようにに辞書はインストールしたものを4冊と、ネット辞書を使っています。モニターに常時辞書を立ち上げておくのですが、日によって開く場所を入れ替えたりします。いつもはブラウザーと訳文を並べているけれど、今日はブラウザーの隣に辞書を開いてみるか、というふうに気分を変えています。

たとえばですが、インストールした辞書を使うと訳文がしっくりこないときがあります。訳が堅苦しくなるから、使いたくない日もあるのです。そういうときは、極力辞書を見ないように環境を少し入れ替えてみます。

当たり前ですが、辞書は内容がしっかりしています。それよりは「ネットの砕けた表現の多い辞書のほうが本の雰囲気に合っているんじゃないか？」という疑いの目を持ちながら、一つひとつの単語に訳をあてていきます。

スラングや流行り言葉は普通の辞書の言葉をあてると堅くなってしまうから、ネット記事での使用例を見たほうが参考になったりすることもよくあります。

ChatGPTも使います。わからないスラングが出てきたときに「どういう意味？」と訊いてみたりします。あまり信用はしていませんが、ヒントにはなります。現状のところ、生成ＡＩには全幅の信頼を寄せてはいませんが、きっちりと答えを出すときもあります。あてにしない程度に訊いてみると意外な発見につながります。

翻訳家はみな、武器をいっぱい持って仕事をしています。辞書に使うお金を惜しまない人が多いのが特徴です。私は翻訳家の、そのこだわりが好きです。

フルアーマーで原書に挑む。

私が翻訳の仕事をする人たちを尊敬しているのはそういうところです。

翻訳家はネイティブではない言語を訳す場合が多いから、一つひとつの言葉に対してデリケートに注意を払う癖がついています。知っている単語でも、一応辞書を引いて確認する習慣があるのです。簡単な単語ほど調べるのは、それが理由です。

「それがどうした？」と思われるかもしれませんが、日本語だとなかなかやらない作業ではないでしょうか？　知っている（読める）単語を、その都度、作業を止めて、辞書で調べたりしないことがほとんどだと思うのです。

でも、辞書を引いてみるとよくわかりますが、知っていると思っていたはずの単語をちゃんと知らなかったなんてことは本当によくあります。

翻訳家の仕事に知的なイメージがあるのだとしたら、知識でカバーできないものがあるということを、素直に認めている点がそう映るのだと思います。世の中にはわからないこと、知らないことがたくさんあるのだと、私たちは知っています。それだからこそ、徹底的に調べるのです。翻訳家の仕事の半分は、調べ物だと言われる所以です。

個人の知識ではとてもカバーできない幅広いものを、調べて理解していかなければなりません。だから私たちはお金をかけて本を読むし、辞書に頼るし、図書館に行くし、パソコンに投資するし、そのような武器にお金を惜しまないのです。

わからなさを、認めるところからしか、何もはじまらない。

ある意味、翻訳の仕事をしている人というのはオタクなのだと思います。文学を訳しているのだといった高尚な意識よりも、パズルに取り組むような感覚です。属性としてはゲーマーに近いような気がしています。ゲームをコンプリートするためのフル装備なんです。

想像してみることがあります。翻訳家ばかりを一室に集めて、３０００ピースのジグソーパズルを置いたらどうなるでしょうか。みんな、文句も言わず、黙ってそれに取り組み続けるはずです。そしていつまでも取り組むでしょう。想像しただけで愉快です。

小説家のデスクと翻訳家のデスクの話をしましたが（80ページ）、私の場合、つくづく属性が翻訳家だと思います。エッセイも書くけれど、個人的な資質や性格は完全に翻訳家側です。

翻訳家でアスリート⁉「キング・オブ・世界同時発売」からの学び

先日、翻訳家の井口耕二《いのくちこうじ》さんと翻訳関連イベントに登壇するという貴重な機会に恵まれました。

井口さんは言わずと知れたベテラン翻訳家で、数々の有名な作品を手がけています。それも、世界同時発売という、最も旬な本を、本国での発売に合わせて日本語でも発売するという、大きなプロジェクトをいくつもこなして来られた方です。

そんな井口さんと一緒に登壇させて頂くチャンスに私が考えていたのは、「どうやったら井口さんの仕事のノウハウを盗むことができるだろう」ということでした。

盗むと書くと聞こえが悪いかもしれませんが、まさにそんな気持ちでした。

井口さんのお話を聞いて気づいたのは、井口さんの作業のバックボーンとなっているのは徹底した自己管理と効率化だということがわかりました。

井口さんが翻訳家であると同時にアスリート（ロードレーサー）であることは以前から知っていましたが、そのレベルは世界に到達していました。海外まで遠征して世界選手権に出場されていると知り、やはり突き詰める方なのだと理解しました。

翻訳作業に関しては、無駄な作業を自動化して効率を上げるという工夫を至るところでされていました。そしてそのノウハウを自分のものだけにせずに、他の翻訳家たちにも惜しみなく公開しています。

翻訳家の集まりに行って思うのは、翻訳家とは情報のシェアを惜しまない人たちだということ。使いやすいツールを見つけた、良い辞書を見つけた、といった情報は瞬く間にシェアされ、誰もがその情報にアクセスできるようになっています。

活発な議論が交わされることもあります。時には意見の衝突もあるでしょうが、大人同士のコミュニティならではの着地点があるように見受けられます。このようなコミュニティの片隅であっても、仲間に入れてもらえることは、私にとっては幸せなことだと感じています。

ゴールしたあとの腕立て「訳者あとがき」

最近SNS上で、「訳者あとがき（訳者解説）」について議論が加熱していました。巻末に収録される「訳者あとがき」。あの執筆に原稿料が支払われないのはおかしいのではないかという議論です。私も毎回、「訳者あとがき」を書いています。

思うのですが、「訳者あとがき」については、感情の問題も大きいのではないでしょうか。もちろん、「訳者あとがき」は印税に含まれるのかどうかという問題については、よくよく考える余地はあります。でも、同時に感情のもつれのような気がしているのです。

なぜかというと、翻訳が終わったあとに解説を書けと言われるのは、言うなればフルマラソンの後に腕立て伏せをするような苦労なのです。たかが4000字とか6000字が、つらくてたまらないのです（あくまで私のケースですが）。「訳者あとがき」では、本の内容をもう1回要約しないといけません。それもネタバレしすぎない程度に注意しつつの作業です。４０００字（原稿用紙10枚分）でも重荷なんです。だから、「あの作業は大変だ」と言いたくなる気持ちもよくわかります。

「訳者あとがき」ほど苦しい原稿はありません。

だってうまく書かなきゃいけないから。

最初から最後まで本の内容を網羅しつつ、その本のもっとも素晴らしい点を書いて、かつ著者を評価するのです。責任が重い仕事ですよね。けっこうな読者が「訳者あとがき」を読んで、本を買うかを決めることもわかっています。

せめて選択制になればいいのにと思います。原稿料が出ないのならば、書く、書かないの選択肢を翻訳家に委ねるのではどうでしょうか。

ちなみに私は、書かないと言うかもしれません。だって、「あとがき」って、本当に難しいタイプの原稿なのです。いつも何時間も頭を抱えて悩みながら書いています。だから、それでも書きたいと言ってくれる翻訳家は、ゴールしたあとに腕立て伏せをしてくれるひとだと思って、大事にしてほしいです。だって本当にきついですよ、全力で走り抜いたあとに、「ごめん、ゴールは100メートル向こうでした」なんていう状況は。

第3章

本を書いて本を読む

Writing and reading

自分を支えているのは毎日の翻訳仕事

自分という人間の一日をイメージしてみます。毎日、朝から晩までずっと翻訳作業をやって、その仕事の合間にエッセイ、そして家事を入れ込んでいる状況です。仕事は山積みですが、いちばん大事だと考えているのは翻訳作業です。最近ではエッセイの仕事の割合が増えているのですが、それでも私の基盤は翻訳にあります。

朝はだいたい6時半には起きています。これは『いらねえけどありがとう』（CCCメディアハウス）にも書きましたが、9時という時間をひとつの目標にしているのです。

9時までに家事をすべて終わらせて、9時ぴったりから翻訳をはじめることができると、その日一日、とても気持ちがいいのです。

部屋がきれいに整っているのが理想です。部屋がきれいだと、すごくやる気が出ます。やる気が出ると、明らかに生産性が上がります。

集中して翻訳をしていると、昼頃にいちど疲れが出ます。そのタイミングでいったん翻訳を休んで、1、2時間ほどエッセイの仕事をします。

私にとって、翻訳の仕事は大きな意味を持っています。翻訳の仕事をすることによって、メンタルが安定するのです。

私はちゃんと仕事をしている。

納期に間に合っている。

その安定を武器にしてエッセイを書きます。
1、2時間エッセイを書いて、「エッセイって難しいな、疲れたな」と感じるタイミングで、再び翻訳に戻ります。毎日、そんなことの繰り返しです。
私の一日は翻訳が支えています。

翻訳しか自分というものを推し量る目安がないからです。翻訳ができているから こそ、エッセイも書けるし、エッセイが生きるのです。これは本当に、自分だけのこだわりなのですが、翻訳が順調に進んでいないと、精神的なバランスが崩れるのです。ちゃんと生きていないような気持ちになります。

何か気分が悪いとき、乗らないときってありますよね。そういうときには、あえて翻訳をします。気分が乗らないときこそ、逆に無理して翻訳をしてみるのです。意識していつもより少し多めに訳して、なんとか気持ちを立て直そうとします。

すると、不思議なことに、心がちゃんと追いついてくるんです。ランニングの習慣がある人が、サボりたい日も無理して走りに出て、「走ってみたらやっぱり良かった。一日気持ち良く過ごせる」なんて気持ちになりますよね。そういう感覚がわかる気がします。

犬、いつもそばにいる

私は自他共に認める愛犬家で、京都で学生時代を過ごしていた時期を除いて、常に側に犬がいるという人生を送ってきました。

犬が大好きというよりも、動物が側にいない暮らしがとても味気ないのです。動物を眺めていると、いつまでも飽きることがありません。自分が飼っているペットもよく観察していますが、SNSなどで人気の動物のアカウントもたくさんフォローしています。

最近のお気に入りは、ナミビアに住む盲目のヒヒ、シンディ。彼女の穏やかな生活を見ていると、とても和みますし、世界はどこまでも広いのだと実感します。

2024年3月に愛犬のハリーを失って、その4ヶ月後にテオという名の犬がわが家に仲間入りしました。少し時期的に早いかなと迷いはしたものの、こういう出会いはタイミングです。

もうすぐ2歳のテオは体格も大きく、やんちゃなオス。しかし、いままで多少苦労をしたようで、飼い主が数回変わっています。ある日、ハリーもお世話になっていた犬のトレーナーさんから「ハリーの代わりにはならないことは重々承知していますが、会ってみませんか」と連絡があり、会いに行き、そのまま連れて帰りました。

犬と暮らすことの利点は何かと問われれば、私は迷うことなく「散歩」と答えると思います。

翻訳作業をしていると、ふと気づくと8時間座りっぱなしなんて状況になりかねません。若い頃であれば多少はいいかもしれませんが、年齢を重ねれば重ねるほど、無理をすれば健康に悪影響を及ぼすと思うのです。

これは断言しますが、自分の健康を犠牲にしてまでやるべき仕事なんてないはずです。少なくとも、翻訳という仕事はそうではないと私は思っています。

犬が家にいると、半ば強制的に、家から出て、外で犬を歩かせる状況に自分の身を置くことができます。そして驚くことに、家を出る前は、面倒だな、嫌だなと思った犬との散歩も、終わったあとにまで、「やっぱり面倒だった」と思った経験は一度もないのです。むしろ、散歩に行ってよかった、気分がいい、さあ、もっと仕事をがんばろうと思います。

その確立は１００％に近いのです。

モチベーションを上げる方法で成功率が100%に近いというのは、すごいことなのではないでしょうか。トレーニングをするためのジムに通うことと、よく似ていると思います。

人間は歩くことで気持ちの切り替えが簡単にできる生き物なのです。ほんの20分でいいので、仕事に行き詰まったら、歩いてみてください。犬がいても、いなくても、歩いたあとに後悔することはめったにありません。相棒である犬がいれば、なおさら「楽しかった」と思えることでしょう。

だから、私にとって犬は人生のパートナーであり、仕事のパートナーです。私を外に連れ出してくれるだけではなく、気持ちまで切り替えてくれるのですから、そんなに素敵な存在はいません。

仕事中毒だが、しっかり遊んでもいる

仕事は夕方の5時くらいに目処をつけます。子どもたちが帰宅したり、夕飯を食べたりするので忙しくなる時間です。でも最近は、子どもたちも大きくなった

ので、忙しいときは夜中まで通して作業したり、週末も休みなく働くこともあります。その合間に義両親の介護で、夫の実家に様子を見にいったりしています。

いつ遊んでいるのかという話ですが、私、けっこう遊んでいます。動画も見るし、漫画も読むし、ネットショッピングも長年続いている趣味です。

家にいることが苦痛にならないどころかむしろ好きなことは幸運でした。そして、私は一人でいることが好きです。

どこかに出かけて、誰かに会ってというタイプの遊びをしなくても大丈夫なのです。

コロナ禍の緊急事態宣言で外出できなくなったときも、私はあまりいつもと変わりませんでした。リモートワークが盛んに行われるようになって、ようやくこんな時代になったなと思いました。

いちばんの気晴らしは、一人で自動車を運転することです。

とにかく車の運転が大好きです。運転をしているとき、頭のなかでは常にエッセイの原稿を書いています。だから、エッセイの調子が出ないときは、車を運転しにいくことがあります。ちょっと散歩に行くような感覚ですね。
脳内で考えながら運転して、アイディアが降りてきたら帰ってきて、あわてて書きとめることにしています。

あとは、本や動画といったコンテンツを視聴したりすることが、仕事に直結しているのも幸運だったと思います。私にとっては楽しい遊びが仕事の役に立つし、仕事そのものにゲームのような楽しさがあり、依存している面もあります。仕事が好きといえば仕事が好きなんですが、仕事と好きなことの境界線が曖昧になっているようなところもあります。

本を出すというのは、ギャンブル性が高い営為です。毎回、「この本はすごく売れるんじゃないか?」と妄想したりしながらやる博奕が楽しいのです。病みつきになっているかもしれません。息の長い、なかなか終わらないゲームをやっているような興奮があるんです。

子は親の背中より親のＳＮＳに興味を持っている？

子どもたちには、自分の仕事のことを改めて説明したり、書いた文章を読んでもらったりといったことはまったくしていません。

翻訳作業をしているのは知っているでしょうが、それ以外の仕事（エッセイの執筆、イベントに出演）に関しては、細かくは知らないでしょうし、あまり興味もないのではないでしょうか。そう見えているだけで、実は興味津々なのかもしれませんが。

仕事よりも彼らの興味を引いているのは、私のＳＮＳアカウントです。息子たちだけではなく、息子たちの同級生、そして同級生の親御さんたちも、私のＳＮＳのアカウントをよく知っていて、読んでくれているようです。

今の若い子どもたちはフォロワー数で知名度を推し量るようですが、私のアカウントのフォロワー数を見たときだけ、私を尊敬の眼差しで見るような気がしています（それも一瞬ですが）。

英語の質問をされることはもちろんありますし、それ以外の教科の質問を受けることもあります。

特に、国語の長文読解の問題は難しいようです。私自身は、学生の頃から国語は得意でしたから、高校生の国語にはかろうじてついていくことができます。

しかし、英語、国語以外は歯が立ちません。それでも、リビングで息子が勉強したりしていると、一緒に座って、無駄話を交えながら、時間を過ごすこともあります。

自分自身が天職と言える翻訳に巡り合ったのは30歳を過ぎてからですから、彼らにも、一刻も早く目標を作ってそれを目指せと言うつもりはありません。いつか、自分の生涯をかけてでも好きになれる何かと巡り合えるといいね、としか言っていません。

それよりなにより、健康的な暮らしを維持することが大事なのだと、伝えたいと思っています。

エッセイを書くという鍛錬

私の土台は翻訳ですが、2本目の柱はエッセイです。エッセイの仕事は、翻訳にも生きています。翻訳は日本語の文章力が必要な仕事ですから、エッセイを書くことが訓練になっているのでしょう。

翻訳家はいつも、他者の文章をその著者になったつもりで忠実に訳しています。でも、自分が主語の文章を書いてみることで、見えてくることが多々あります。まず、ゼロから書き上げる苦労のようなものが理解できるようになります。

ここからは少し、エッセイの仕事について書いてみます。

エッセイを書きはじめると、ものを見る視点がより広く、深くなります。エッセイは日常のことを書きますが、人から「よくネタ切れしないね？」と言われることが多々あります。私の人生が他の人の人生に比べて事件が多いというわけではなくて、私は様々なことを、些細なことから大きなことまで、逐一記録しているから途切れることなく書けるのです。

Googleドキュメントに、スケジュール、その日あったこと、すべて記録しています。今日は何をした、こんな話をした、どんなものを買った、いま夢中になっていること、おもしろい人と、その観察日記、このような多種多様な情報をほぼすべて記録して残しているのです。

エッセイの依頼が多くなるにつれ、こんな工夫が必要だと思うようになりました。いわゆる、「ネタ」が尽きるのはわかっていましたし、すんなりと素晴らしい文章が頭に浮かんでくるとも思えませんでした。ですから、私は毎日、必死に仕込みをしているのです。

とにかく多くを記録していくこと。そのとき感じた心の動きも書いておくこと。

このような詳細な記録のなかから、当時の自分の気持ちを上手に乗っけて書けそうな話をピックアップするのです。9割は使えません。残り1割から書く程度の打率だと思ってください。

この記録も、長年やっているうちに、ずいぶん楽になってきました。楽になったというのは、集めた情報から一本のエッセイを書き上げるのがうまくなったということです。前なら広げられなかったような広がりを文章に持たせることが容易になったのです。それはつまり、書いた情報からピックアップできるものの割合が増えたということにもなります。掘り下げられるかをキャッチする視点が鋭くなったのでしょう。

エッセイにはその都度、依頼される文字数があります。たとえば、４０００字と指示が出たら、４０００字になりそうな情報を拾って、広げるのです。

そんな作業がこの数年で上手になったと思います。この情報なら１８００字くらいになるなとか、これなら２０００字くらいかなとか、文字数によってイメージすることができるようになったのです。これができるようになると、どんな文字数で指定されても、書けるようになります。昔はとてもできませんでした。

最初のエッセイの仕事は新潮社の「村井さんちの生活」でした。連載がはじまった頃は、２０００字を書くのに2日くらいかかっていました。だって、２０００字で完結するひとつの文章なんて、書いたことなかったですから。

いわば、それまで15秒のテレビＣＭをつくっていた人が、いきなり映画をつくるような話です。尺がまるでわからないのです。

２０００字なら、いまは比較的すぐに書いてしまいます。とても速くなったし、２０００字におさまる話の展開の仕方が身についたのだと思います。これは才能ではないです。完全に、繰り返し書いた鍛錬の賜物です。訓練あるのみだと思っています。


どんなエッセイを書くか、蓄積した日々の情報のなかから選ぶときの基準のひとつはユーモアです。

どんな悲惨な話のなかにも、おもしろいことが必ずひとつくらいはあるものです。「葬式の笑い」みたいなものです。そういうものを見つけられるネタを選んでいます。

やっぱり、おもしろい話が得意だし好きだから、私にとっては書きやすいのです。私は常におもしろい話を探しているような子どもでしたし、大人になってもそれは変わりませんでした。

後付けでおもしろく書いているのではなく、目の前で起きているときからすでにおもしろいなあと思って見ています。だって、おもしろいことって楽じゃないでしょうか？　深刻なことを考えているより、おもしろいほうが楽だと思います。

とはいえ、ギリギリのところを試しているような感覚はあります。笑いは行きすぎると残酷なところがあります。それは、やりすぎになります。

『義父母の介護』（新潮社）も、最後の段階で削りました。連載時の原稿をまとめた一冊だったのですが、連載時の文字数では笑えた展開も、それが1冊になると徐々に笑えなくなってきます。つまり、笑いが多くなりすぎると疲れてしまうのです。

笑いも難しいところがあります。出すぎると毒になります。毒もまたシャープでいいのですが、エッジが立ちすぎてしまう可能性もあります。すべて理解して笑ってくれる人の数は減るでしょう。そんなことを考えながら、担当編集者と相談して、気をつけて調整しました。

『義父母の介護』では、担当編集者には、私の文章のなかに客観的に見て痛い表現があれば、全部指摘してほしいと伝えました。自分が暴走していないか、こう見えて常に心配しているのです。もし仕事相手が若い編集者なら、しつこいくらい頼みます。若い人だと私に遠慮して言いにくいかもしれないから、最初にお伝えします。

先日、ドキッとしたことがありました。２０００字ほどの書評を頼まれたのです。書評だというのに、いつもの癖で、原稿に自分のことを書いてしまったのです。編集者に送った原稿はすぐに戻ってきました。「もっとこの作家のことを紹介してほしい」という要望が書かれていました。とても恥ずかしかったし、反省しました。大きな罠にかかってしまったと思いました。編集者の要望は当然のことです。書評なのですから、作家と本の内容を書くのは当たり前だというのに、私はそこでも自分の経験を書きました。

エッセイは自分のことを書く場合が多いので忘れがちになりますが、「書いている自分」が読者にどう映っているのかは、絶対に忘れてはいけないと思います。エッセイというと、自由に、勝手に書いていいものと思われるかもしれません。でも、完全に自由に書いて許される人なんて、一部の認められた大家だけだと思います。

私のような書き手ならば、編集者が求める依頼に合わせて、きちっと決まった文字数のなかで、どれだけ自然にやるかにかかっています。まったく違うもののように思えるかもしれませんが、夏休みの作文と同じです。課題に沿って書くのです。

エッセイを大量に書くようになって、翻訳も速くなりました。文字に対する耐性がついたのだと思います。大量の文字を処理することにも慣れました。

でもここからが本当に大事なことなのですが、何事も反復練習が命なのです。エッセイも、そして翻訳も。

私の翻訳の実力を10としたら、7は繰り返しによってつくられています。反復練習ができるかできないかということだけだと思います。

私はどちらかといえばできないほうの人間ですが、必要に迫られたからできたということでしょう。エッセイの発注をこなすことと、ノンフィクションを訳すことで、鍛錬を積めたと思っています。両者は密接につながっています。

横書きを縦書きにする仕事

翻訳は横書き（原文）を縦書き（日本語訳）にする仕事と言われます。私は本を訳すときは、ワードを縦書きの設定にしています。翻訳本はどのみち縦書きで刊行されることが多いので、最初から本に近いレイアウトで訳します。横と縦とでは、やはり文体が変わってしまうからです。表記の問題もあります。

一方、エッセイのウェブ連載は横で書いています。「村井さんちの生活」も「ある翻訳家の取り憑かれた日常」もそうです。

縦横の自分の文体の差を明確に言語化することは難しいですが、横だと少しフランクになる気がします。やわらかいニュアンスが出るように思います。縦で書くと、きちんとした文章がブロックとなって、ブロックとブロックが気持ち良くはまっていく感覚があります。私が訳すようなノンフィクションは縦書きに合っている気がします。

著者と翻訳家の関係について

原書の著者のことはだいたい好きになります。訳者によっては、著者と直接やり取りをするという話も聞きますが、私はしたことがほとんどありません。迷惑だろうと思うし、わからないことが出てきたら、自分で調べます。わからなければ何回でも読みます。ずっと考え抜き調べ抜いていると、必ずわかる瞬間にたどり着きます。翻訳ってそういうことだと思うんです。

それでもどうしてもわからないときは、仲間の翻訳家に相談することもあります。

著者のことが決定的に好きになれなくて困ったという経験はありません。あまりにも環境がかけ離れているために、理解が追いつかないことはあります（ノンフィクションの魅力はそこにもあります）。

たとえば『エデュケーション　大学は私の人生を変えた』の著者の我慢強さには驚くばかりで、自分だったらどうするだろうと想像することさえ難しかったです。共感できる点はもちろん多々ありましたが、あまりに過酷な運命だというのに、著者は夢を貫きます。そのあまりの強さに驚きました。酷い虐待を受けながらも、両親をいまだに愛しているという点も驚きでした。

しかし、生まれ育った環境や価値観の違いはあっても、彼女が綴る文章が素晴らしいから感動しますし、リスペクトもできました。翻訳するということは、著者と長い時間を過ごすことです。こんなにも素晴らしい文章を書き切った著者の才能には驚くばかりです。


著者のことは、事前にかなり調べます。特にYouTubeなどで本人の映像を見るようにしています。声とか、姿を見て、どのような人が書いたのかを情報として持っておきたいためです。

たとえば『射精責任』の著者のガブリエル・ブレアは、とてもおしゃれで可愛い人です。大きいサングラスも髪型も、ブラウスにハイヒールも本当にセンスが良い人で憧れます。

本は文字のメディアですが、それでもやはり、どういう姿の人が書いたのかは意味を持ちます。ご本人の姿を見ていなかったら、違う文体になったかもしれません。

著者の姿にかぎらず、翻訳をするうえで視覚情報は役立つことが多いです。場所はGoogle Earthで確かめます。

「A通りとB通りが交わるところにあるCという店」と出てきたら絶対に確認します。Cという店のレビューも読みます。というのも、文章として訳出されてこない周辺情報であっても、訳文の完成度に影響すると考えているからです。

たとえば『ラストコールの殺人鬼』は、犯人がニューヨークのバーを転々として殺人を重ねます。「馬蹄形のカウンター」という描写が原文にありましたが、その馬蹄形のカウンターが店内でどのように配置されているのか、その情報が欲しいのです。

店の内装を自分の目で確認すると、やはり、ぞっとします。視覚で捉えた瞬間、リアリティーが増して、ここであのような殺人鬼がターゲットを探していたのかと思うのです。そう思いながら訳します。知っているのと、知らないのでは大違いなのです。

被害者の顔も確認します。顔を見ることで意識が変わります。あんな形で命を奪われたなんて気の毒だという思いが深まります。

自分に情熱がこもることは、可視化されない最終の出来を左右するように思います。

リサーチは面倒に思えるかもしれません。

でも、むしろ逆です。

訳す作業が楽になるようにリサーチをするのです。

「私は翻訳家だから全部確認して……」という高邁な行動ではなく、自分のためにそうしています。

感情移入しやすくなるという面もありますが、想像で訳すよりは、実際の写真を見たほうが、理解がよほど速いということもあります。

視覚情報は文字情報と違って、情報量が格段に多いので、文字だけで情報を捉えようとすると大変なことも、ビジュアルが造作なく解決してくれたりします。

本を訳すというのは、本を訳しているのだけれど、本の膨大な背景も訳すということなのだと思います。だからおもしろいのです。

翻訳家は探偵のように調べます。事件ノンフィクションであれば、事件の担当刑事の顔まで知りたいと思うのが翻訳家です。

いまはＦＢＩが取り調べの状況を情報提供していたりします。もちろん取り調べの記録も見るし、現場写真も見ます。

ネットがなかった時代は本当に大変だったと思います。本を訳していると、文字だけでは絶対にわからないことが、たくさん出てきますから。

自分がいつもそれだけ調べるものだから、何事も記録として残しておくのはとても大事なことだと思っているのです。私は自他共に認める記録魔ですが、潜在意識にこうしたアーカイブへの驚嘆とリスペクトがあるのかもしれません。

翻訳家は知らないことを知ろうとする執念が大事です。

みんな一生懸命調べていると思います。私も一日中それだけしていてもいいよと言われたら、どんなに嬉しいか。ついリサーチに集中して予定の分量が進まなかったということはしょっちゅうです。楽しいから問題はありません。

心の拠り所、翻訳互助会

まったく理解できない文章にぶつかるときがあります。繰り返し読むのがひとつの手です。まったくわからない一文をじっと読んでいたら数時間経っていた、なんてこともあります。

私はわからないところをいったん置いて先に進むタイプではなく、わかるまで粘るタイプです。わからないことが残っていることへのストレスがすごいからです。解決すると興奮するからなのか、あとの仕事のスピードが上がります。

繰り返し読む他に、もうひとつ、私には最強のサポート体制があります。翻訳互助会です。仲の良い翻訳者4人で互助会を結成しています。全員がプロ中のプロ、超強力布陣です。解決できなかった問題は、いまだかつて一個もありません。

解決できなかったら、負け。そんな意地があります。

わからないことがあれば、質問を投げます。すると、急ぎの作業中でないメンバーが、読解を試みてくれます。それぞれ専門が違いますから、様々な角度から、ありとあらゆる手段を使って調べ上げていきます。ＳＮＳのメッセージ機能を使って、早いときには数十分で、長くかかっても1日程度で、ほとんどの問題は解決します。複数人の視点が加わることで、それまでわからなかった問題が解決していく様は、本当に見事です。

いい大人が、ＳＮＳ上に集まって、ああでもないこうでもないと、ときに文献にあたったりしながら助け合っています。みんな、粘り強いです。さすが、翻訳者です。この互助会では翻訳のことだけが話し合われるのではなく、プライベートな話題も展開されます。もう何年になるでしょう。私の心の支えにもなっています。ライフラインみたいなものです。

翻訳というのは孤独な作業ですが、同業者の友達と助け合うことができるのは心強いものです。同僚とデスクを並べているようなそんな雰囲気です。翻訳者には、困ったら助け合うという精神があります。こういう仲間と出会えたことは本当に幸運だと思っています。

ネガティブレビューに思うこと

ＳＮＳも好きでよく使います。全然飽きません。Ｘは仕事の合間にコーヒーを飲むときや寝る前などに書いています。雑誌をめくるような感覚ですね。ＳＮＳで私を知って、エッセイや訳書を手に取ってくださる方も多いです。ありがたいことです。

新刊や記事が出たら告知もします。編集者もある程度、私のフォロワーを取り込むことを期待して仕事を依頼してくれたりするのがわかりますから、宣伝は頻繁にしています。宣伝については義務感を持っているわけではないし、戦略もなくて、自由にできる範囲でしています。

ただ、意識してＳＮＳから離れる時間はつくるようにしています。何より、時間が浪費されることが問題です。

そして、ＳＮＳは広いようでいて、実は狭い世界です。この感覚を見失って、「ＳＮＳが世界」みたいに思うようになるのは怖いことです。いつの間にか考えが偏るのだって、できれば遠慮したいものです。

仕事に集中するとXを見るのも億劫になるので、静かだなと思ったら仕事に集中しているということです。

Xに妙なリプライがついたり、アマゾンのネガティブレビューに悩む人がいます。私もかつてはそんな一つ一つを気にしていました。気にしていたというより、誤解があるのが嫌だと思っていました。

でも、もう最近は気にしても仕方ないと思っています。特にXのリプライなんて、数も多いし、意味がわからないものも多いのです。一つ一つに返答するのは大変なことです。

アマゾンのレビューについては、誤解されている場合が多いと感じます。

たとえば、「○ページ、○行目の解釈は誤訳だ」のようなレビューです。そんなことはないのに、そう書かれると、そのレビューを読む方に誤解されるじゃないですか。それが嫌でした。

ネガティブレビューにもちょっとした流行り廃りがあると感じます。

少し前だと、翻訳文の語尾のいわゆる「女性語（役割語）」の指摘。「〜だわ」とか「〜よ」といった表現です。それが多いと、指摘するレビュワーがいました。最近は「翻訳家の思想が入っている」という指摘もあります。このような指摘がはじまったのはつい最近ではないでしょうか。翻訳家に視線が向くのはいいことですが、その指摘は合っていないような気もします。そういう訳者もいるのかもしれないですが、それは本来、翻訳とは真逆の姿勢です。

この前、「女の作家はこれだから嫌だ」と書かれました。お手上げです。

アマゾンのレビューは、嬉しいものもあれば、悩ましいものもあります。

人の評価で揺れるのはやめよう

というのは、この10年くらい思っていることです。気にしはじめたら、何も書けなくなります。何を書いても、何か言われますから。これはもう、運命のようなものです。だから、そこはもう気にせず、図太く書いていかなきゃいけないなと思っています。

それに最近は、いいことかはわかりませんが、社会全体に炎上耐性がついたようにも思います。日々、インターネット上では炎上することがあって、あまりにも頻繁すぎて麻痺しているのではないでしょうか。

よほどのことでもないかぎり、炎上なんてすぐに忘れられますし、一度や二度の炎上で人生は終わらないと、誰もが知っています。

傷つけるから書けないのか、傷つくから書けないのか

炎上とは少し違いますが、エッセイを書くとき、デリケートなテーマをどう扱うかという問題があります。場合によっては火がつきかねないテーマをエッセイに、あえて書くのかという問題です。

というのも、若い人と接すると、相談を受けることがあるのです。書きたいと思っていることがあるけれど、傷つけることになるかもしれないから書けない。どうしたらいいか、と。

この質問でいつも思うのは、書くことによって傷つけるというのは、誰のこ

と？という問題です。

読者を傷つけるということなのか、自分自身を傷つけるということなのか。読者を傷つけるという文脈でそういう話になることが多いですが、それは建前で、本当は自分が傷つくのが怖いということはないでしょうか。

デリケートなことを書いて、非難でもされたら、自分が傷つく。

どちらかといえば、これを気にしているのでは？　それならば自分のなかで優先順位をつけて、自分が傷つかないと思えたタイミングで書いて自分を守るか、あるいは火だるまになってでもこれを書きたいと思うから書くか。どちらを取るのかを見極めるしかないと思います。

私は本当に書きたいと思うことなら、書きます。

書くことを止められない原稿というものがあります。私の場合、『兄の終い』がそうでした。あれは兄の死の直後に書いています。それも兄の遺体を引き取りに向かう新幹線のなかで、すでに記録をしはじめていたわけです。不謹慎と言われたっておかしくない状況です。

それでもやはり、書きたい気持ちが勝りました。出版のスピードも速かったです。急いだというか、酷く聞こえるかもしれませんが、旬のうちにという意識が働きました。出版はコロナ禍の真っ只中でした。

批判があるのもわかっていましたし、何を言われるかわからないと思っていました。でも書きたい欲望が完全に勝ちました。そういうときは、止まらないものです。

あの本には私の親戚が登場します。もし彼らに書かないでと言われたらどうしていただろう？と考えることがあります。わからないですが、なんとか工夫を重ねて書いたのではと思います。

当時、編集者とはエッセイ集を出しましょうと話し合っている段階でした。具体的なことは何も決まっていませんでした。そこで兄が亡くなったのです。

編集者には、エッセイ本には兄の話も入れてほしいと言われました。でも結局、それ一本でいきたいと私のほうから提案しました。編集者は、本当にいいんですか？という感じでした。

あとになって、「ぶっちゃけ本にしたいネタだと思ったし、そう思わなければ編集者として終わってる。でも、あのタイミングで、1冊書いてほしいとは言えませんよ」と言っていました。

言い方が適切ではないかもしれませんが、いまこれを書かなければ、私は何のためにいままでやってきたんだ、というようなできごとでした。

兄が孤独に亡くなってしまったことは悲劇ですが、そんな現場を目撃するのは一生にいちどのことだろうと私は考えていました。それを書かないのは、書き手として絶対に駄目だと思いました。不謹慎ですが、興奮がありました。その興奮があったから書けたのだと思います。

虎視眈々と狙っていかないと駄目だと思っています。この1冊を代表作にしてやろうと腹を決めて書く。そうでもしないと、生きていけない世界です。それぐらいの図太さがないと、生き残れないと思っています。

文章がうまい人なんて、いくらでもいます。素晴らしい才能を持つ作家はいくらでもいます。到底敵いません。

そんな人たちと同じ世界で生きていこうと思うなら、努力と意地と戦略が必要です。

書くことで自分を救ってきた

エッセイの仕事に関しては、私は本当にラッキーだと思っています。最近、私は義父母の介護をしています。多くの読者が、村井さんが気の毒だ、かわいそうと言ってくださいます。ありがたいことです。一方で私は、これも書こう、こっちも書こう……という、書きたい気持ちでいっぱいなのです。

大変は大変なんです。でも書くことによって、自分のなかで完全にプラスに変わっているのです。

介護はリアルに悲惨な経験も多いです。でも、「これ、書いちゃお」って思った瞬間に、現実に魔法がかかります。ちょっとワクワクします。

悲惨な事件も思い切って書くと決めた瞬間、そこにユーモアがあちらからやってきてくれるのです。ちょっとしたおもしろさを拾っていってはじめて、こんな状況でも元気で生きていけるのです。

書くという作業は、ほんの小さなおもしろさに全神経を傾けて、観察して、ブーストして出力することです。誇張するという意味ではなく、おもしろさが際立つような目線を持つという意味です。

たったひとつのおもしろさを表現するために、その前後には、何が起きたのかを説明する文章がつくわけです。その、わずかなおもしろさの前後左右に、文章をくっつけることでエッセイが成り立ちます。そうやって書いているうちに、おもしろいことの前後左右に存在する悲惨なことがらがどうでも良くなってくるんです。そう文章を書いていると、楽しくなってくるのです。自分が潤ってくるんです。

人のためには書いていないのかもしれませんね。

自分の現実をなんとかいい方向にねじ曲げるために、
自分にいいように解釈して、
仕事に結びつけている。

介護を無償の仕事と考えると、状況は違ってきます。家族の介護が悲惨に思えてしまうのは、無償の仕事だという考えが根強くあるからだと思います。私はその無償というところから、なんとか捻り出そうとしています。わかりやすく言えば、本を書くことで介護という行いに賃金を与えているのです。書いていることで自分が救われていると思います。

何か書いてみようと思うあなたへ

エッセイは身の回りに起きた出来事をさらりと書けばよいので楽なのではないか……そう聞かれることが多すぎて、最近は「そうです」と答える機会が増えましたが、何かを書くことが楽なわけがありません。

エッセイは、身の回りで起きたことを題材にして書くのは間違いではありませんが、どこまで書くのか、誰について書くのか、何が真実なのかのさじ加減がとても難しいものです。大事なのは、

「いかに多くの情報を開示せずに、多く書くか」

という点です。それはどうしたらいいのでしょうか。私は、

「解像度を上げる」

ことが重要だと思っています。

本当にわずかな物事であっても、解像度を上げて見つめることによって、様々な側面が見えてきます。

どんな気持ちになったのか、その時、周囲には誰がいたのか、どんな天気だったのか……そういった細かな情報を丁寧に書いていき、そして全体をまとめていくと、些細なできごとにもちゃんとドラマがあるということがわかります。それがエッセイなのではないかと私は考えています。

よく、「村井さんの人生はアップダウンが激しいですね」と言われます。それは違うと思います。

私の人生にアップダウンがあるように見えるのは、私が解像度を上げて、物事を間近から見つめて、それを事細かに書いているからです。

誰の人生にも、楽しいこと、苦しいことはあります。どんな人でもそれぞれの悩みを抱えて生きています。私はそれを一つひとつ取り上げて、そして書いているから、読者のみなさんに届きやすくなっているだけのことなのです。


エッセイを書くために、プロになる必要はありません。エッセイを書きたいなと思われたなら、小さなことからでいいので、気がついたことを、自分の心に残ったことをメモ代わりに書いてみてください。それがいつの日か日記となり、自分の、自分のためだけのエッセイに変わっていくはずです。

翻訳を辞めようと思ったことは、ある

翻訳を辞めようと思ったこともあります。2024年3月に大事に育てていた愛犬のハリーが死んでしまったときでした。

とても大切にしていた犬ががんになったことに、気づかなかったわけではあり

ませんでしたが、少し処置が遅れてしまったのです。

ハリーとはずっと一緒にいたのにわかってあげられなかったことで苦しみました。ハリーが徐々に体調を崩しているとき、私が何をしていたかというと、翻訳をしていたのです。かわいそうなことをしたと思いました。本当に突然、余命3週間だと宣告されて、その通り、死んでしまったから。

大事にしていた命が燃え尽きようとしているのにも気づかず翻訳をして、何か価値があった？

そう自問し、そのときは、ないと思いました。いくばくかのお金は入ります。翻訳家になったことは喜ばしいことではあったのだけれど、でも、愛犬だって大切な存在だったわけです。

もうこんなにしんどい仕事は辞めようと考えて、2、3ヶ月、本当に何もしませんでした。連載やどうしても納品しなきゃいけない原稿は書きましたが、翻訳は手につかなかったです。

引き受けた仕事をやらないわけにはいかないから、それを全部片付けたら、完全に辞めようと思いました。
編集者へのメールを書いて、下準備して、そこまでやって、送ろうと逡巡しているタイミングで、韓国の翻訳家のクォン・ナミさんからメールが来ました。
クォン・ナミさんは、日本の文学作品を３００冊ほど訳している翻訳家です。村上春樹さんはじめ、日本の錚々たる作家の作品を訳しています。私とほぼ同世代の女性です。一方で私は30冊も訳していません。キャリアのスタートは同じくらいなのに。
ナミさんが突然メールをくれて、ハリーのことも書いてありました。あのハリーが死んでしまって驚いたということ、自分も愛犬を亡くしたときにつらくて死にたいと思ったこと、自分もこの1年間、母親の介護をずっとして、大変だということ。そんなことがたくさん書いてありました。そのメールを読んで、ふと、
ナミさんも頑張っているなら私も頑張ろう
と思いました。ナミさんと私は経験が似ているし、キャリアも似ています。彼

女も翻訳家であり、エッセイストです。

韓国で私は「日本のクォン・ナミ」と呼ばれているそうです。ナミさんは「韓国の村井理子」と呼ばれているそうです。だからお互い頑張りましょう、私たち、たぶん、前世で双子だったから、とナミさんは書いてくれていました。

私だってもちろん、こんなことで仕事を辞めようなんて馬鹿らしいという思いはありました。愛犬が死んでしまったから数十年のキャリアをあきらめようなんて、ただの逃げだったと思います。ナミさんはそれを見透かして、止めてくれたんでしょうね。ここで辞めたら駄目だと気持ちを改めました。

それで、もう一回、翻訳をやりだしたというのが現状です。

いまはもう、仕事のペースを取り戻しています。休んでいた分、タスクが増えましたが、毎日必死に仕事しています。いま、複数冊を同時に訳していますが、気分はとてもいいです。休んでいる間は、気分が良かったかというと、酷く落ち込んでいました。だって、編集者を待たせているのですから。

普段だってそうです。誰かを待たせてしまうことへの負い目で仕事をしています。結局、締め切りがあるって、本当に大事！

おわりに　好きを追い続けて

私の生活は、書くことで埋め尽くされています。朝起きて、家族を送り出し、部屋を片づけたら、あとは延々と書く時間が続きます。エッセイを書き、疲れたら翻訳し、翻訳に疲れたら書評を書くための本を下読みし、それに飽きたらエッセイを書く……そんな日々です。

楽しいのかと聞かれれば、楽しいのかどうかもわからないほど、慌ただしいとしか言えません。

ただ、頭のなかで途切れることなく流れている文字は、常にアウトプットされていきます。それが自分の仕事に繋がっているのですから、これほど幸運なことはないと自分では考えています。

目標通りに仕事が進めば、安心して眠りに就くことができます。その日は充実していたという満足感を得ることができます。


このようにして、私は自分で自分を満足させる方法を、長い時間はかかりましたが、ようやく手に入れることができました。

私は数々の出会いに恵まれて幸運だったとも言えるし、ねばり強く書き続けたことが現在に繋がっているとも言えるかもしれません。


私が読者のみなさんにお伝えできることは、

ただひとつの「好き」を追い続けることは、決して無駄ではない

ということです。

誰も振り向かないようなこと、それでも自分は大好きなことがある人はラッキーです。それを絶対に手放さずに持ち続けてください。そして、その素晴らし

さを多くの人に伝えられるように、記録に残してください。

記録の手法は、書くことでもいいですし、撮影することでもいいですし、どんな方法でもいいです。

そしてそれをあきらめずに、自分のためだけに継続してみてください。もし失敗したとしても、落ち込まずに次を見つければいいのです。

落ち込んでいる暇はありません。

私たちの人生はそこまで長くないのですから。

二〇二四年十月

村井理子

村井理子（むらい・りこ）

翻訳家／エッセイスト
1970年静岡県生まれ。滋賀県在住。ブッシュ大統領の追っかけブログが評判を呼び、翻訳家になる。現在はエッセイストとしても活躍。
著書に『兄の終い』『全員悪人』『いらねえけどありがとう』（CCCメディアハウス）、『家族』『はやく一人になりたい！』（亜紀書房）、『義父母の介護』『村井さんちの生活』（新潮社）、『ある翻訳家の取り憑かれた日常』（大和書房）、『実母と義母』（集英社）、『ブッシュ妄言録』（二見文庫）、他。訳書に『ゼロからトースターを作ってみた結果』『「ダメ女」たちの人生を変えた奇跡の料理教室』（新潮文庫）、『黄金州の殺人鬼』『ラストコールの殺人鬼』（亜紀書房）、『エデュケーション』（早川書房）、『射精責任』（太田出版）、『未解決殺人クラブ』（大和書房）他。

装画／挿画　原倫子
装幀　新井大輔

エヴリシング・ワークス・アウト

訳《やく》して、書《か》いて、楽《たの》しんで

2024年11月10日　初版発行

著者　村井理子
発行者　菅沼博道
発行所　株式会社CCCメディアハウス
〒141-8205　東京都品川区上大崎3丁目1番1号
電話　販売　049-293-9553
　　　編集　03-5436-5735
http://books.cccmh.co.jp

DTP　有限会社マーリンクレイン
校正　株式会社文字工房燦光
印刷・製本　TOPPANクロレ株式会社

ISBN978-4-484-22251-6